有敵鐵金剛

甜蜜爸爸日記

黃正一 著

to my dear family

自序

像我這種一九六零年代出生的五年級前段班的準歐基桑，在我們小的時候，無敵鐵金剛卡通是我們這一代小孩子共同的成長記憶。劇中的機械人無敵鐵金剛打擊惡勢力、保衛地球和平。面對隨時隨地的挑戰，無敵鐵金剛從不畏懼，勇往直前，即使敵人的武力再強大、處境再艱難，無敵鐵金剛總是一夫當關，萬夫莫敵，常常看得我們這些還在念小學的小孩子們熱血沸騰，最後每一集的卡通總是如我們大家所願，無敵鐵金剛歷盡艱難，打敗邪惡的惡勢力機械人，保衛世界和平，獲得最後的勝利！

無敵鐵金剛永遠都是無敵的！

光陰似箭、歲月如梭，轉眼三十幾年過去，當年熱愛無敵鐵金剛的小學生的我，終於也跟其他同年齡的兒時玩伴一樣，從叫自己老爹老爸，晉級成為心愛的乖女兒Candice口中的老爸，雖然內心不服老的覺得自己跟二十幾歲的時候好像也沒有什麼太大的差別，但是我自己心裡明白，其實歲月早已開始在我的髮稍上偷偷地挑染出一道一道的斑斑白髮（可堪告慰的是，跟我那些前額已經禿一大半，不用剃髮就已經是滿清人的老朋友們來說，我的際遇已經讓我自己內心竊喜不已了）。

在所有的小朋友，尤其是年紀還很小很小的小小朋友心中，她們的老爸，是無所不能，永遠無敵的無敵鐵金剛。我們這些做爸爸的，在小朋友的眼中就像一座山，宏偉而強大，無論平時碰到什麼問題，心中再如何的害怕，只要把拔在身邊，他就會像無敵鐵金剛一樣的打敗所有的麻煩、危險跟壞人，保護家裡瑪麻跟小朋友們的平安。

在小朋友的心中，把拔就像無敵鐵金剛，只要把拔在身邊跟瑪麻一起陪著小朋友一起玩，陪著小朋友一起長大，小朋友的心中就會充滿快樂、充滿愛、充滿安全感。

因為，把拔是屬於我們全家人的無敵鐵金剛！

只是，回到大人的現實世界，無敵鐵金剛哪裡永遠是無敵的呢？

全球金融風暴跟不景氣、工作壓力、人際關係、當個員工擔心被老闆fire，自己當老闆，又擔心被市場fire。其實在小朋友單純的腦海裡，她們怎麼會想得到，像無敵鐵金剛一般的把拔，其實很多時候內心深處也有許多屬於把拔們的敵人、恐懼、跟害怕。

說得好笑一點，在生活中其實把拔們也有很多的敵人呀！比如說，我就認識一個爸爸，堂堂七呎之軀，天不怕地不怕，偏偏就是怕蟑螂。每回家中出現蟑螂，老婆孩子一邊尖叫一邊躲到他身後，他總是與蟑螂對峙半晌，說要等個好機會一舉把蟑螂殲滅，但是總是在蟑螂迅速逃逸之後，他才在心中默默說聲蟑螂兄謝謝你！

孩子們心中的無敵鐵金剛，現實生活中的有敵鐵金剛，太多的爸爸們每天期待跟要求著自己，take care好孩子、take care好家人、take care好自己。現實生活毋寧是時時充滿著挑戰跟挫折的，但是，每當在外打拼一天之後回到孩子的身邊，看著小朋友充滿親密、崇拜、跟「就是愛把拔」的天使般的臉龐，我相信所有的把拔同志們都會跟我一樣，霎時全身充滿能量……

因為……因為……

我們可是小像伙們心目中的

無敵鐵金剛！

CONTENTS

目次

自序 005

第一篇 小天使的來臨
十八銅人陣 015
父女的世外桃源 019
小天使的來臨 023
準爸爸跟準媽媽 027
黃少白變成了黃少萱 033
小朋友終於來了 039

第二篇 新手爸媽跟小貝比
新手爸媽 049
坐月子中心 055
一個生命來，一個生命走：紀念咪咪 063
啃雞腿口水萱 069

Candice生病了 077
桿弟老爸 081
牙牙學語 087
老爸的最怕 093
隨扈老爸 103
青梅竹馬 111

第三篇 快樂小人國

上幼稚園 117
我想養狗狗 125
Candice的戀人們 131
慈祥的爺爺奶奶 139
甜蜜的搖籃曲 147
小小音樂使節 153
石頭裡的天使 159

Candice的第一次 165
送花給瑪迷 171
Hello Kitty樂園 175
愛玩耍的小精靈 183
告別幼稚園 191

第四篇 爸媽甜蜜寶貝的回憶

女兒不見了 201
星爸的一天 211
把鼻我不要看牙醫 217
志工把拔 223
小倉鼠球球 231

第一篇

小天使的來臨

十八銅人陣

是吧？全天下的爸爸們！咱們做爸爸的，求的也不過就是有一天，有一個男人挺直地站在我們的跟前，對我們說：爸爸！謝謝你！為了您的女兒，我願意用我的生命來愛她、呵護她、保護她，讓她遠離一切的悲傷及危險，一生平平安安、快快樂樂！

然後，說到做到。

有一件事說出來大家一定不相信，在我心中有一個心願，在女兒Candice出生第三天我就決定了，這個心願認識我的朋友都知道，不過覺得我無聊的比較多，是什麼呢？就是當有一天Candice長大成人要結婚的時候，在婚禮當天，我會召集十八個兄弟擺一個讓我未來的女婿可能終生難忘的成年暨入門（當然是入我黃家的門啦！）儀式：

十、八、銅、人、陣！

什麼叫做十八銅人陣呢？就是我未來的女婿要打一個十八個人的通關，也就是要連乾十八杯酒。若我的女婿平常公關做得好，跟準岳父我的交情不錯，那當天的酒由他選；若女婿平常的公關做得普通，那結婚當天的酒當然就由岳父我來選啦！

我相信有女兒的爸爸們都能體會我的感受：你看，Candice剛出生的時候，才五十公分高，兩千九百八十公克重，跟一隻可愛的小貓咪差不多，她是做爸爸的前世的情人，最最疼愛的心肝寶貝，當爸爸媽媽茹苦含辛地把她拉拔長大成一個亭亭玉立、冰雪聰明的大女孩時，有一天，一個從來不認識的年輕男子突然跑來跟你說聲：「爸爸！謝謝你！」然後就把你的女兒帶走了，厚！是可忍，孰不可忍？

說來好笑，我的理念獲得許多有女兒的爸爸們的熱烈贊同（簡直是同仇敵愾的認同），大家相約互相加入對方的「十八銅人陣」（此舉遭到諸多媽咪的嘲笑：拜託！你們的女兒還在念幼稚園耶！），但也遭到不少生兒子的媽咪們旗幟鮮明的反對（真是蠻好笑的，這一群瞎操心的父母！）

蘇菲說：欸！你當初還不是跟我爸爸說了聲：「爸爸！謝謝你！」然後就把我給帶走了？

說的也是，養兒方知父母恩，看著女兒一天天的長大，對女兒的愛也越來越濃，當初追蘇菲的時候，總覺得蘇菲的老爹老是看我不太順眼，現在方才明白，哦！莫怪莫怪！

雖說如此，我還是非常堅持，當那一天來臨的時候，十八銅人陣，天王老子來說情也不給面子。蘇菲說：就算你擺開了陣式，叔叔伯伯們站一排，到時你女兒Candice不依，你也沒輒。

話是沒錯，但是女婿跟岳父的關係要維繫非常非常的久，如果換成是我，若連這點禮數都做不到，那就太不會做人了。

何況，一個原本態度中立的媽咪（因為她有一個兒子跟一個女兒）想了想說，如果今天有一個男孩子，連為她即將過門的妻子拼一場十八銅人陣的勇氣跟魄力都沒有的話，她實在也不太敢相信將來把女兒的一生交到他的手上，他會終其一生呵護、保護爸爸媽媽鍾愛的女兒。

是吧？全天下的爸爸們！咱們做爸爸的，求的也不過就是有一天，有一個男人挺直地站在我們的跟前，對我們說：爸爸！謝謝你！為了您的女兒，我願意用我的生命來愛她、呵護她、保護她，讓她遠離一切的悲傷及危險，一生平平安安、快快樂樂！

然後，說到做到。

是不是？十八銅人陣的意義，其實根本就不是只是十八杯酒而已！

父女的世外桃源

為了聽小朋友講話，也為了跟小朋友講話，我常常走著走著就會彎下腰來看著她，有時聽著她童真地、絮絮叨叨地問著一個個「為什麼？」的時候，都會讓我滿心的感動：眼前這個可愛的小小孩，就是我的女兒耶！她的眼睛、鼻子、嘴巴、甚至一些小動作，都看得到我的影子！

在台灣，凡是四、五年級的人都知道有一首有名的民歌：外婆的澎湖灣。唱的是在澎湖的外婆每到黃昏的時候，就會挽著小孫子的手，走在澎湖的沙灘上，然後當夜暮低垂，在漾著海浪的沙灘邊，迎著薄暮，走向餘暉，留下腳印兩對半（記得吧？祖孫兩人的腳印，外加外婆的枴杖）。

想像著外婆的澎湖灣歌裡的畫面，那真是一種安祥中帶著一抹祖孫間的親暱的感覺，意境實在優雅感人。

很久以來，我就一直很喜歡這首歌裡所描繪的氣氛，現實生活中，我跟Candice也有類似的互動，那是一個只屬於我們父女兩個人的兩人世界，從Candice很小的時候開始，大約從她三歲多的時候吧？當時我們家還住在台大附近，經常在晚上洗完澡之後，約莫八點左右，我會牽著女兒的小手，信步走向台大後門的校園，小朋友年紀小，走不遠，我們會手牽手，慢慢地往前漫步，邊走邊聊天。

為了聽小朋友講話，也為了跟小朋友講話，我常常走著走著就會彎下腰來看著她，有時聽著她童真地、絮絮叨叨地問著一個個「為什麼？」的時候，都會讓我滿心的感動：眼前這個可愛的小小孩，就是我的女兒耶！她的眼睛、鼻子、嘴巴、甚至一些小動作，都看得到我的影子！

然後，就會忍不住親親她的小臉蛋。

我們每一次的目的地，大多都是台大校園後門的星巴克（後來我們搬到大安捷運站附近之後，就變成了大安站旁邊的星巴克了，等到小朋友再大一些，偶爾我們也會走到市立圖書館旁的「豆豆的狗，寵物精品店」去看許多大大小小的可愛的小狗狗），每次我都會為自己點一份焦糖瑪奇朵，然後為Candice點一份熱可可或熱鮮奶，然後父女倆坐在靠窗的位子上，邊喝邊看窗外的人車來來去去，邊說話。

當然，有時候小朋友愛玩坐不住，就會在我坐的座位間爬上爬下，或是在星巴克裡跑來跑去。有幾次我把手指放在嘴邊小聲告訴她：小聲一點，不要吵到別人喔！她跑了一圈回來歪著頭想了一下，說聲：好吧！然後一溜煙地又跑開了。

就這樣，邊吃邊玩，我呢，則像個保鑣一樣的把視線一直放在她的身上：怕她摔跤、怕她撞到桌椅，當然，有時也怕她吵到別人，等到咖啡跟熱可可喝完了，差不多她媽咪的電話也來了，我跟Candice才會再次手牽著手，盡興的回家。

我一直很享受跟女兒之間的這樣的兩人世界，也很喜歡在散步的過程中跟女兒勾勾手指頭說一些我們兩個人之間的小秘密（雖然隨著時間的流逝，絕大多數的小秘密，我跟Candice早就都忘光光了），這樣的安祥而親暱的感覺，往往在我忙碌的工作中，尤其是有時出差沒有待在家裡的時光中，想著想著，都會在嘴角邊漾出一股溫馨甜蜜的笑容……。

小天使的來臨

當剛剛知道要為人父母的時候，其實那種感覺詭異多於喜悅，彷彿理智告訴你，這世界上將要有一個屬於你的親人要來到這個世界，你明知未來將會跟她很親很親，她甚至要依賴你、跟著你、毫無條件的愛著你、受你生養直到她長大自立門戶，但是，你說奇怪不奇怪？在知道她將來到這個世界的第一瞬間，你甚至不知道她的長相到底是什麼樣子？

其實女兒Candice的來臨，對我跟蘇菲來說，真的是個意外。

老婆蘇菲是某電視台的採訪記者，人稱既美麗又有智慧的她（她從學生時代起就被朋友形容是政大廣電系畢業的蕭薔），跟我愛情長跑五年之後，於一九九五年四月一日在台北結婚，還記得當年結婚發喜帖的時候，諸親朋好友紛紛透過各種管道向我們查證：「欸！你們不會是愚人節開我們玩笑吧？」

誰跟你們開玩笑啊！我們當然是玩真的！只是那一陣子的好日子，幾乎台北所有的大飯店喜宴廳都被預定一空，選來選去最後才選了四月一日的仁愛路福華飯店而已。

結婚之後，雖然我們對外宣稱先過三年的兩人世界，再考慮生小孩的事，不過說實話，我們對於「當父母」這件事，心中實在沒什麼概念。即使身邊不乏已經有小朋友的好友，但是「生小孩」，對我跟蘇菲來說，還是感覺那是「大人們的事」，想都沒想過。

但是，生命就是那麼的神奇，三年後，屬於我們的小天使，在不知不覺中，真的就悄悄地來到了我們的身邊。

還記得蘇菲那時候忙著奉派到德國法蘭克福採訪，在初懷孕的時期，傻傻的忙進忙出、長途飛行、以及忙碌地奔波採訪。鬧了快一個月，在總算比較有空的時候，才突然發現，奇怪，好像MC有一陣子沒來？

我先想到：「難道是有了？」蘇菲才恍然大悟：「真的嗎？」，我趕緊到附近藥房買來驗孕棒，一會兒，蘇菲從浴室走出來，神色有些詭異（這實在很難形容，因為實在沒有心理準備）地說：「真的有了！」

我們的反應跟電視上演的有些不一樣，要當爸爸媽媽了，真的嗎？我後來才知道，許多初為人父母的都經過這樣的一個階段：因為沒有經驗及心理準備，當剛剛知道要為人父母的時候，其實那種感覺詭異多於喜悅，彷彿理智告訴你，這世界上將要有一個屬於你的親人要來到這個世界，你明知未來將會跟她很親很親，她甚至要依賴你、跟著你、毫無條件的愛著你、受你生養直到她長大自立門戶，但是，你說奇怪不奇怪？在知道她將來到這個世界的第一瞬間，你甚至不知道她的長相到底是什麼樣子？

但是，詭異的感覺逐漸被開心取代，因為，那代表我跟蘇菲的愛情的結晶，一個留著我們共同血液及基因的小天使，在這個即將到來的小生命身上，我們將同時看到我跟蘇菲的許多影子，這是上帝交付給我們的愛情及生命因此完整的見證。

我們找了一個熟識的婦產科醫生來確認這樣的訊息，醫生告訴我們：「恭喜！小孩已經兩個月了。」醫生還送給我們小朋友的超音波相片，醫生指著相片中的一個小白點說：「你們看，這是小孩的心臟，目前看起來一切正常。」

連心臟都有了！我跟蘇菲望著那張小小的超音波相片，望著小小相片中的小小模糊身影：她就是我們的小朋友耶！我們真的要當爸媽了！

準爸爸跟準媽媽

我常常在臨睡前跟蘇菲肚子裡的小朋友說話，尤其是臨睡前的念經時間，我會跟小朋友說：黃少白，要乖喔！好好睡，不要踢來踢去讓瑪迷不舒服喔！把鼻愛你！蘇菲也常常撫著逐漸隆起的肚子跟小朋友說話，夜深後一家人在一起低語呢喃的畫面，即使多年之後回想起來，都覺得溫馨甜蜜……

我跟蘇菲要當爸爸媽媽了！這對我們兩家的家族來說，當真是一件大事！爺爺、奶奶、阿公、阿嬤、叔叔、嬸嬸、舅舅、舅媽、小表姊等，除了台東阿公家養的小狗咪咪搖著短短的尾巴、吐著短短的舌頭、天真爛漫地搞不清楚狀況之外，大家都熱烈期待著這個小生命的來臨。

雖然蘇菲害喜的時間不長，但家族裡有孕婦，諸親朋好友七嘴八舌地提供各種各樣的偏方跟建議，有經驗的、沒經驗的、看過書的、沒看過書的、三十年前生過孩子的、跟三年前生過孩子的，無論說法是不是前後左右矛盾，但大家的心情與心意其實都一樣，都為我跟蘇菲開心，也都分享了我跟蘇菲的期盼與喜悅。

為了蘇菲跟未來的小朋友，我每天為他們做幾件事，我雖不是虔誠的佛教徒，但是我聽大學同學告訴我，每一個新生命的到來，都會帶著前世的一些因果，為了小朋友，我是寧可信其有，我聽從他們的建議，每天在蘇菲睡前，都會陪著蘇菲在床頭念經，每晚五遍心經跟兩遍大悲咒（我可是老老實實的天天念，念到最後都會背了。說來好笑，有一對朋友夫妻當年也是每天念經，但是做老公的沒多久就改放錄音帶，事隔多年還被老婆念沒誠意），然後再迴向給肚子裡的小朋友，為的就是渡化一些小朋友的前世因果，讓她在新的一世能健健康康、順順利利、充滿福報。

當然，還有一說，在肚子裡就受到佛經洗禮的小孩，在懷孕跟生產的過程中，母子都會比較平安跟順利。

你說這個主意到底有沒有用？說實在，即使事隔多年，我們的小朋友聰明、漂亮、善良、貼心、成績好、運動細胞也很棒，從幼稚園開始就是老師、同學（尤其是許多暗戀她的小男生）跟其他家長們心目中的模範小孩（我跟蘇菲常常被問是怎麼教小孩的？），這其中當然有她爸爸媽媽的遺傳，還有自己天生的天份跟人格特質，但是冥冥中是不是有些神明的庇祐呢？我不知道，若有，當然是心存感激囉！

除了念經，還有一件事，蘇菲到懷孕中後段，由於腹部逐漸隆起，行動跟彎腰都開始越來越不方便，因此，幫蘇菲洗頭、洗澡外帶全身擦乳液（皮膚保養以及防止妊娠紋）就成了我的例行工作。我就像美容院裡的洗頭小妹，我東抓抓西抓抓，三不五時還要陪著笑臉問：您還有什麼地方會癢嗎？

蘇菲的朋友聽說她老公還會為她念經兼洗頭、洗澡，都羨慕地說：哇！你老公好體貼喔！其實我覺得跟蘇菲為了小朋友所受的苦跟不便，包括身體上的，以及精神上的（說真的，女人懷孕，工作效率跟能力立刻被迫下降到只剩一半）比較起來，這一點小小的體貼，實在不算什麼。

蘇菲懷孕的過程中，有兩件事還受到大家的重視，一個是小朋友是男生還是女生？另一個就是替小朋友取名字。

朋友間有一個說法，懷孕時，若媽媽變漂亮了，代表女性荷爾蒙增加，自然就是因為肚子裡的小朋友是女生；若媽媽變醜了，皮膚變差了，鼻子變大了，那是因為身體裡多了男性荷爾蒙，自然懷的是男生了。

蘇菲不偏不倚，狀況跟懷男生的癥狀一模一樣，所以全世界都認定，我們懷的小孩是帶把兒的。

小朋友的爺爺自年輕時起就飽讀詩書，為了小朋友的名字筆劃，煞費苦心研究好一陣子給了我一個公式：根據五行八卦，小朋友名字的第二個字及第三個字，分別要是四劃、十四劃、二十四劃，以此類推；以及五劃、十五劃、二十五劃，以此類推。還說不要考慮兩個字的名字，因為不成格。另外還要注意，字不能太難寫，免得成長的過程中，造成不便（比如說考試的時候，光寫名字就寫半天）；諧音也要注意，免得長大之後綽號難聽。

很講究，對不對？黃家第一次有第三代嘛！當然凡事講究了！

我為小朋友取名叫黃少白，筆劃好、好聽、好寫、又沒有難聽的諧音，而且，他跟跟國父孫中山先生一起為推翻滿清、創建民國而奮鬥的革命志士陳少白同名，就是希望他長大之後，也能做個國家的棟樑，為社會跟世界帶來一些貢獻。

我常常在臨睡前跟蘇菲肚子裡的小朋友說話，尤其是臨睡前的念經時間，我會跟小朋友說：黃少白，要乖喔！好好睡，不要踢來踢去（蘇菲懷孕後，胎動逐漸增多）讓瑪迷不舒服喔！把鼻愛你！蘇菲也常常撫著逐漸隆起的肚子跟小朋友說話，夜深後一家人在一起低語呢喃的畫面，即使多年之後回想起來，都覺得溫馨甜蜜……

黃少白變成了黃少萱

我一直很喜歡湯姆克魯斯在征服情海裡的一句經典台詞：「You complete me」，妳完整了我的生命。這句話在還沒有女兒之前，一直是我心中對蘇菲的一句廝守終身、至死不渝的結論跟承諾。但是自從有了Candice，我方才瞭解，原來女兒的來臨，才真正完整了我跟蘇菲的生命。

蘇菲每一次到台安醫院的產檢我都會陪著去，因為我跟她一樣關心小朋友的生長狀況，不僅如此，對愛妻蘇菲的身體狀況，我也掛心得很。原因是蘇菲有先天性心臟病（心臟閉鎖不全），醫生說她的情況介於不鼓勵她懷孕生產的臨界點，此話一出，我就擔了整整十個月的心，既擔心小孩，也擔心媽媽，摸著良心說，我擔心媽媽更多一些，我曾在心裡下過多次杞人憂天的決定，若生產時需要做一個抉擇，我會選擇媽媽。

有不只一個號稱有法力的朋友告訴過我跟蘇菲（真的假的不知道，但會不約而同說出同一種說法，我是欣然接受的），說我們是七世夫妻（其中一個還說，會說七世是因為她的法力只能看到這麼遠），許多人說我們是那種像極了的夫妻臉，很多人都不相信，我跟蘇菲在許多人的眼中是俊男美女兼金童玉女，但是在我政大企管系畢業後遇見蘇菲，以及蘇菲從世新畢業後轉學考以第一名考進政大廣電系遇見我，我們遇見對方都是初戀，然後談了五年戀愛之後就結婚了。雖然蘇菲碎碎念了幾次：哎呀好無聊！怎麼都是同一個人！但是我倒是認定的很篤定。

前幾次的產檢照超音波，醫生說你們家的小朋友很害羞耶！照超音波的時候都把腳夾起來，看不清楚是男生還是女生？不過因為蘇菲外形的明顯變化，我們（包括諸親朋好友們）一直都很有把握地認為小朋友是男生，每回我跟蘇菲聊天跟手牽手散步的時候，都黃少白長、黃少白短的叫，在心理上早就認定了這個寶貝兒子了。

沒想到有一天，醫生在照完超音波之後，很肯定地告訴我們：你們家的小朋友是個小公主喔！我們一聽突然覺得，啊？不是兒子？那不就是不是黃少白了？說實話，這些日子以來，我們跟黃少白這個兒子建立了一定程度的感情，突然發現搞錯了，我跟蘇菲心中都有一些輕輕的不捨。

然後，我們的小朋友終於在幾經琢磨之後，正名為黃少萱，小名萱萱。一樣是按照爺爺定下的公式，一樣吉利，連英文名字都取好了，叫Candice，取其兼具智慧及甜美之意，換句話說，希望她以後能像她的媽媽一樣，既美麗又有智慧，沉魚落雁、冰雪聰明。

不過，話雖這麼說，相信大概每一個做父母的都跟我跟蘇菲一樣，剛懷孕的時候，都信心滿滿地說以後生下來的小孩要如何如何的漂亮，如何如何的聰明；但越接近生產，要求越低，到最後，面對上帝，幾乎都只剩下一個謙卑的請求：健康、正常就好！

真的！做了父母之後，每回看到電視裡那些生病或受虐的小孩子，許多為人父母的將心比心，都會特別為她們所受到的遭遇而心疼、憤怒，甚至紅了眼眶。有時，看到一些小朋友的遭遇，都會心存感念，感謝上蒼賜給我們一個這麼聰明活潑且健康的小孩，小孩是上帝交給父母的此生的責任、功課跟禮物，無論這份責任跟功課是相對的難或易，無論修習這份功課是為了父母完成前生或來世的業，做父母的都應該心存敬畏，細心經營，因為往往一念之間，都會對一個無瑕的生命，帶來一世無可抹滅的影響。

我一直很喜歡湯姆克魯斯在征服情海裡的一句經典台詞：「You complete me」，妳完整了我的生命。這句話在還沒有女兒之前，一直是我心中對蘇菲的一句廝守終身、至死不渝的結論跟承諾。但是自從有了Candice，我方才瞭解，原來女兒的來臨，才真正完整了我跟蘇菲的生命。

甚至，因為有了Candice，我才真正的發現，一個小生命的誕生，讓我跟我的家人，包括父母、兄弟、妻子、女兒成為一個真正完整的「家庭」，我也才真正的擁有了一個完整的Family的愛。也因為我對女兒的愛跟付出，我才真正體會到多年來我的父母對我的愛跟付出，也因為這一份的認知，我才真正深刻地瞭解，什麼叫做：

家人。

小朋友終於來了

我目送蘇菲進產房後，走到最靠近產房的家屬等待區等待那一刻的來臨，不知怎麼，我非常的緊張，我告訴自己：黃正一，妳女兒馬上就要來到這個世界。不到幾分鐘，我突然聽到一聲嘹亮的哭聲劃過醫院靜謐的迴廊，我長長地抒了一口氣，告訴自己：

她終於來了！黃少萱，我跟蘇菲的女兒！

我一直很喜歡童話故事裡送子鳥的傳說：小朋友是上帝送給每一對父母的禮物，上帝派天使們把每一個小禮物打扮好，交給盡責的送子鳥，送子鳥叼著裝著小生命的小包包飛呀飛，飛到每一個即將擁有小生命的家庭，交到每一對幸福期待的父母手上。

還有一種對「生命」的說法我的印象也很深刻，甚至心有所感：我們跟身邊所有的相關的人其實世世代代都有關聯，每一生、每一世這群生命群組們因為某種情感的糾結（愛、恨、嗔、癡、緣深、緣淺、緣起、緣滅）而糾纏不已。同一批靈魂（隨著緣分的深淺而數量有所增刪）每一生、每一世都會因而發生許多的故事，也因而彼此發生相對的許多未了的債跟責任，但最主要的，還是在於一份生生世世的愛，因為這群靈魂彼此世世代代的牽絆，每一世彼此也會以不同的角色身份再續前緣。

所以，其實我們不必對有一天要離開我們親愛的家人而恐懼，同樣的，也毋須對有一天親愛的家人將要離開我們而悲傷，因為，他們只是這輩子的戲先殺青，先到生命的下一檔戲裡上場，而我們，只是下一檔戲還沒輪到我們上場罷了，我們的家人其實並沒有離開我們，而我們其實也並沒有離開我們所摯愛的親人。

我一直覺得這樣的說法很淒美，同時也撫慰了許多失去親人的人們的傷痛，當然，就像有句流行的說法：女兒是爸爸前世的情人，而兒子則是母親的前世的情人（雖然這樣的說法有個小小的漏洞，那像我跟蘇菲這種好幾輩子都是情人的狀況要怎麼解釋？嗯，那就代表小女兒Candice是我們前世的一個非常、非常重要的人），前世情未滅，今生續前緣。

隨著預產期的接近，我跟蘇菲的心情倒蠻平靜的，日子過得跟平常沒什麼兩樣。就在快接近預產期的前兩天，蘇菲突然說，她很想去德國餐廳吃德國豬腳，在佈置高雅的餐廳裡，蘇菲笑說她的朋友跟她說，很多孕婦在生產的前一刻，都會想吃不一樣的一些好的料理，因為接下來的坐月子期間，會有太多的忌口，到時想痛快地吃都沒辦法。

我們閒聊著即將來臨的生產，因為是第一胎，心理開始有些緊張，因為沒生過小孩，加上不少有經驗的婆婆媽媽們會跟蘇菲耳提面命生孩子有多辛苦，要生好久好久，生孩子好痛好痛，讓一向瀟灑的蘇菲都開始覺點有一點擔心跟害怕。我更是，因為有一件事我在心裡默默擔心，但沒跟蘇菲說，就是她的心臟病的問題，我在心中默默祈禱，大家都說蘇菲是一個很有福氣的人，最近身體看起來也不錯，上帝呀！我平常雖不是您忠實的小綿羊，但平常也沒做過什麼壞事，請您務必幫個忙，拜託拜託！奉上帝耶和華的名，阿門！然後再跟佛祖請託，老天爺呀！看在小弟天天念經的份上，沒有功勞也有苦勞，雖然平常燒香不多，但是誠意真的很夠，大家說天天念經可以讓母子生產順利平安，說話可要算話啊！阿彌陀佛！

說來真的有點玄，好巧不巧，第二天凌晨，蘇菲真的開始陣痛了起來。我帶著原本就準備好的相關物品，帶著蘇菲搭上計程車直奔台安醫院，一下車，竟然在清晨六點半在台安醫院碰到蘇菲的大學同學小楊，我們行色匆匆的打個照面，我是因為老婆要生了，他是因為老爸心臟病發緊急送醫，幸好事後談及此事，大家都平安。

整個生產過程跟我們的想像真的差很多，也真實很多，更讓我對女人生產過程的辛勞，在了解之後，對普天下的媽媽們有了更多的敬意。難怪人家要說小孩的生日是母難日，因為生孩子真的很辛苦且危險，我一方面心疼蘇菲生Candice過程的辛苦，一方面也興奮期待著我們十個月來細心呵護、苦苦等待的女兒的即將到來：

萱萱，把鼻跟瑪迷終於要跟妳見面了！

蘇菲直接在不到早上七點就進了待產室，一輩子沒進過待產室，一進待產室，發現在布幔隔開的各個病床上，早已躺著幾個待產的孕婦，因為陣痛，呻吟聲大大小小、此起彼落。我看到最盡頭有一個產婦安安靜靜地躺著，心想她倒挺沉著，結果聽到身旁的護士在談話才知道，原來搞了半天，那個產婦陣痛了三十幾個小時，早就痛到、累到沒力氣喊，奄奄一息了，更慘的是，該產婦因生產過久，得妊娠中毒，母子均有危險。

我一聽，媽呀！心裡七上八下，上帝、佛祖、觀世音菩薩、阿拉，總之能求的我全求了一遍。

蘇菲痛的時間不多，因為我們選擇無痛分娩，其實就是打麻醉藥的意思。對此其實我們有過一些討論，因為不知道這樣對有心臟病的蘇菲會不會增加生產過程中的危險性？後來醫生認為觀察蘇菲的身體狀況可以，而且若痛太久，其實也不一定就比較安全，我們就決定了，免得過程中，蘇菲陣痛過久，那我別說心疼，簡直是心肝肺都疼成一團了。

麻醉醫師來了，拿出無痛分娩針，我的天哪！十幾公分長的針，麻醉醫師在蘇菲的脊椎骨間摸了摸，選定目標點，往脊椎骨節間插了下去！那一瞬間，我突然激動地想哭，覺得真希望能立刻跳下去代替蘇菲挨那一針！看到長長的麻醉針逐漸插入蘇菲的身體，我心中大喊：我不想生小孩了！接著再喊：黃少萱！妳長大若不聽媽媽的話，孝順媽媽，老爸打死妳！

蘇菲之後昏昏沉沉地待產，但是因為翻身的關係致使麻醉針移位，導致需要把麻醉針拔起再插一次，別人無痛分娩插一次針，我可憐的愛妻插兩次，唉！生孩子，果真折磨！

蘇菲就這樣昏昏沉沉了將近十個小時，終於接近黃昏時分，醫生說，產道夠開了，送進產房！

我目送蘇菲進產房後，走到最靠近產房的家屬等待區等待那一刻的來臨，不知怎麼，我非常的緊張，我告訴自己：黃正一，妳女兒馬上就要來到這個世界。不到幾分鐘，我突然聽到一聲嘹亮的哭聲劃過醫院靜謐的迴廊，我長長地抒了一口氣，告訴自己：

她終於來了！黃少萱，我跟蘇菲的女兒！

時間是西元一九九八年十一月三十日的下午五點五十四分……

第二篇

新手爸媽跟小貝比

新手爸媽

看著小女兒安祥地躺在媽媽的懷裡吃著來到這個世界的第一餐，蘇菲輕輕抱著Candice，一隻手輕輕地撫著小女兒的頭髮，一邊輕輕哼著歌，濃濃的母愛輕輕漫在小小的斗室中，彷佛知名的聖母瑪麗亞跟耶穌「母與子」的聖像在我眼前展現，我不禁再次受到感動，久久不能自已……

小朋友終於來到了這個世界，升格當爸爸的我心中激動不已，心裡第一個念頭是蘇菲應該沒事吧？希望能儘快回到她的身邊。第二個念頭則是急著想見見小女兒。隔了一會兒（聽說是先幫剛出生的小朋友剪臍帶、基本處理、再加上簡單洗個澡），一個護士推著一個手推車走出產房，邊走邊喊：黃少萱小朋友的家屬！我快步走上前，護士告訴我：「你是把拔嗎？恭喜你！是個女兒，兩千九百八十公克，母女平安，小朋友外觀正常。」

我低頭看著小女兒，這是這輩子我們父女第一次相見，我的心中充滿感動，忽然間，發生了一件奇妙的事，小Candice此時竟然張開眼睛，看著我對我笑了一下（這件事情即使事隔多年以後，還是沒人相信），我像被電了一下地看著小朋友，愣愣地目送Candice被護士推走。

我坐回等待區的椅子，還沒回過神，另一個護士親切地問我是不是黃少萱把拔？然後拿著一份文件給我，我低頭一看，整個人從椅子上彈了起來：什麼?!病、危、同、意、書?!

護士告訴我，把拔不用太緊張，媽咪因為在生產的過程中有發燒的現象，基於標準作業流程，小心起見，小朋友要進保溫箱做必要處理，加上小朋友有黃疸徵狀，需要治療，需要做家長的簽字同意。

這樣說我是可以接受，但是文字上寫著病危同意書，簡直嚇死人。我回到蘇菲休養的病房，她也才剛到病房，我握著她的手，她看著我，跟我說：等一下我們去看小朋友，可是聽說她在保溫箱耶！蘇菲雖疲倦，但還是想趕快能再見見女兒，等到時間一到，我們這兩個剛出爐的爸爸媽媽便攜手到嬰兒保溫箱的房間探望剛出爐的女兒。

到了保溫箱房，我們換上醫院規定的衣服，輕聲走到Candice的保溫箱邊，這是我跟蘇菲第一次有比較長的時間細細端詳女兒，她睡得很甜，小小的身體躺在保溫箱裡，胸口輕輕地起伏，讓父母心疼的是，Candice小小的右手掌手背插著一根針吊著點滴，看著插著針的小手因為插針而變得淤青，我跟蘇菲心疼不已，哎喲！小Candice才剛出生耶！好可憐喔！

我仔細地看著Candice，沒什麼頭髮，細細長長的手指，尤其指甲長得真的跟她媽媽一模一樣，我跟蘇菲說，小朋友的手長得非常適合彈鋼琴欸！蘇菲說，生產的時候，醫生說，你女兒長得很漂亮喔！鼻子又高又挺！我跟蘇菲左看看右看看，剛出生的小孩長得都皺巴巴的，小小的眼睛、小小的鼻子、小小的嘴巴，除了部份細節看得到我跟蘇菲的影子，憑良心說，看不出Candice有多漂亮（當然，年齡稍長之後，果然有其父母之風，端的是個美人胚子），我們就這樣品頭論足地看了個夠，直到時間到了才依依不捨的離開。

剛出生的嬰兒每四個小時餵一次奶，第一次餵母乳，我跟蘇菲都覺得既新鮮又好奇。跟護士「領」出小朋友後，照著護士的指導抱起Candice，剛出生的嬰兒全身軟綿綿的，尤其脖子的力量尚不足以支撐頭，所以抱起小嬰兒有其訣竅：就是一手捧著小朋友的身體，另一隻手則捧著小朋友的脖子，護士小姐教得很仔細，餵完奶後，一定要記得輕輕在小朋友的背上拍嗝，而且一定要拍到小朋友打嗝為止，以免小朋友吐奶噎著。

大概是我們在抱著Candice的過程中吵醒了她，她張開小小的嘴巴搖頭晃腦地打了好大一個哈欠，可愛的模樣讓我跟蘇菲真的是愛到個不行，紛紛低下頭來親一下（真的是剛剛當上父母的新手爸媽，連小朋友打個哈欠都能讓我們感動），我們一家三口到了餵母乳區，蘇菲才一坐下，沒經過訓練的Candice閉著眼睛本能的已經張開小嘴在找媽媽的乳頭，彷彿知道吃飯時間到了，一找到媽媽的乳頭後，小Candice用力地吸吮了起來，蘇菲輕輕喊了一聲，跟我說：「她會咬我耶！會痛！」，不過說歸說，看著小女兒安祥地躺在媽媽的懷裡吃著來到這個世界的第一餐，蘇菲輕輕抱著Candice，一隻手輕輕地撫著小女兒的頭髮（雖然沒幾根），一邊輕輕哼著歌，濃濃的母愛輕輕漫在小小的斗室中，彷彿知名的聖母瑪麗亞跟耶穌「母與子」的聖像在我眼前展現，我不禁再次受到感動，久久不能自已……。

坐月子中心

說實在，若真有上一世，過去的，就讓它過去吧！在這一輩子裡，我在之前曾經說過，會在一起的靈魂們，生生世世都會在一起。現在，我只想說：親愛的乖女兒，這輩子，把鼻跟瑪迷會盡全心全意的來愛妳、疼妳、保護妳、呵護妳，把我們未盡的情緣，在這一世好好地延伸下去。

在台安醫院待了三天之後，我們一家三口轉往新成立沒多久的中興醫院坐月子中心坐月子。

到了坐月子中心，想要看看Candice的親戚、好友、電視台新聞部的同事絡繹不絕，由於年齡相仿，許多好友家的小朋友也都才大Candice沒多少，大家紛紛互相交流生小孩的心得及趣事，坐月子中心的單人房中，我跟蘇菲跟其他的叔叔、伯伯、阿姨等熱烈地聊著生小孩的趣事，叔叔、伯伯、阿姨等帶來的小哥哥、小姐姐們則熱鬧的在一邊玩耍，而小Candice多數的時候躺在媽媽的懷裡睡覺，供人參觀。

若小Candice醒著，有時則是張著一雙天真無斜的雙眼乖乖靜靜地看著周圍熱鬧的人影，有時則像一隻小小花蝴蝶一般，被諸叔叔、伯伯、阿姨們輪流抱著，像Doris跟Daniel的兒子威威才大Candice半歲，Doris熟練地抱起Candice，開心地說：「哎喲！好久沒有抱infant了！我們家威威現在很大隻了，不像你們家Candice這麼小隻！」有幾次小Candice生起氣來哭著抗議，諸叔叔、伯伯、阿姨們才趕忙把小Candice交還給我跟蘇菲。

生小孩的趣事真的很多，像有一個同事就說，她的奶少得可憐，「頂多只能拿來當奶精喝」，蘇菲則碰到另一個趣事，她因為漲奶，在餵完Candice後，會事先「儲備」一些多出來的母乳放在保鮮袋裡放在冰箱中冰存。有一天小朋友的爺爺奶奶來看寶貝孫女，奶奶打開冰箱看到一袋一袋的「冰棒」，大驚小怪地指責我怎麼可以讓還在坐月子的蘇菲吃冰？一陣埋怨讓我頭上飛來飛去好幾隻烏鴨，外帶臉上好幾條黑線……。

忠仁生孩子的經驗最豐富（台灣知名主播中，戴忠仁生了四個小孩，應該是第一名），這次我跟蘇菲到坐月子中心，多虧了戴老大前前後後的照顧跟張羅，既當秘書又當司機，樂得我們輕輕鬆鬆地當我們的新手爸媽。

在坐月子中心的期間，我們還幫Candice做了一個小小的紀念品，在Candice出生的這幾天裡，我跟蘇菲除了留下了小Candice剛出生時的小腳丫印之外（它就印在小朋友的出生手冊中），我們還幫Candice留下了她出生時的一小段臍帶，封藏在一個訂做的透明印章中，這一段小小的臍帶，印證了小Candice跟他母親的血脈相連，也見證了她爸爸媽媽對她這一輩子的呵護及疼愛。

說來好笑，我跟蘇菲常跟親朋好友們說，到坐月子中心都快一個月了都還不會幫小朋友包尿布，許多事情坐月子中心的護士或同仁們都幫我們照顧得好好的。但是即使如此，每四小時餵一次奶這件事，加上其他瑣瑣碎碎的雜事，還是讓我們疲憊不已，真不知道一些自己坐月子的夫婦，或者古代的產婦是怎麼熬過來的？記得Doris老公，威威的爹地Daniel跟我們說過，Doris在坐月子的時候，夜裡都是由他餵奶，搞得他幾乎一個月沒有真正的睡過覺，幾乎崩潰。我們也是，印象中，往往記得才剛剛餵完奶，沒過多久，中心又開始傳來「餵奶時間」的悅耳的廣播音樂，不過說實話，我跟蘇菲還是比較幸運，因為深夜的時段，坐月子中心的護士們會幫我們餵奶（把蘇菲的「媽咪牌冰棒」去冰溫熱或是用奶粉）。因此跟Daniel這種「超級奶爸」比起來，其實還是比較輕鬆些。

在照顧Candice的過程中，我跟蘇菲明顯地注意及感受到，小Candice真的就像台灣歌謠裡所說的「一暝大一吋」般的長大，我們紀錄了小Candice的成長身高跟體重，真的明顯的每天都有長大一些，小小生命的成長軌跡，連做父母的將小朋友抱在懷中餵奶都能感受得出，這喜悅的成長過程，讓我跟蘇菲對「生命」的體會，因為小Candice的成長，而有更深刻的感受。

當初在台安醫院的時候，Candice在保溫箱裡待了兩天，但一直到轉到中興醫院的坐月子中心，小朋友的黃疸還是沒好，需要繼續治療。治療過程中有一項令我印象深刻，就是「照屁屁」：就是小朋友趴睡在一張小床上，後上方有一盞燈，照著小嬰兒的屁股，大概是照屁屁讓小屁屁暖暖的很舒服，小朋友一般都會乖乖地睡覺。有一回我靜靜地守在Candice的身邊陪Candice照屁屁，無聊的我在女兒的身邊走來走去，我走到Candice身後（就是正對著Candice小屁屁的地方），我看著睡得香甜的Candice小天使般的臉蛋，看著看著，發現小朋友的身體輕輕地扭動了幾下，肚子裡隱隱傳來一陣咕嚕咕嚕的聲音，說時遲、那時快，Candice的小屁屁突然「噗」的一聲，有點拉肚子的Candice噴出一陣便便，反應敏捷的我一瞬間側過身子，Candice的「黃金暗器」沒有暗算成他老爸我，悉數乒乒乓乓釘在老爹我身後的牆上（事後我把這件事比手畫腳兼加油添醋地跟蘇菲說，蘇菲笑到肚子痛：「愛（哎）、又（喲）！這種事你也能拿來得意洋洋的說嘴？」）。

除了我跟Candice的武俠世界之外，在坐月子中心期間，還有另外一件事情也讓我永難忘懷。還記得Candice一出生就張開眼睛對我笑嗎？我一直覺得Candice一出生時對我的笑容沒有那麼簡單，大家知道我是相信輪迴一說的，有一回又逢餵奶時間，這次由蘇菲餵奶（現在都改用奶瓶來餵奶了），我看著她們母女，心中充滿甜蜜，突然間，Candice稚嫩的嬰兒臉龐換了表情，一雙慧黠的眼神忽然似笑非笑地看著我，我當下直覺的感覺是有一個聰慧美麗的女子用眼神愉快地對一個關係深厚的老朋友說：「嗨！我們又見面了！」，雖然那個眼神稍縱即逝，Candice很快的又回到一個嬰兒的神情，但是那奇異的眼神交會，卻在我的心中留下難以磨滅的印象。

還有一次，熟睡中的Candice睡夢中突然間大聲尖叫了一聲，把在身邊的蘇菲跟爺爺、奶奶嚇了一大跳，大家立刻衝到Candice的身邊查看究竟發生了什麼事？說也奇怪，當時反而我鎮定得很，我輕描淡寫地對她們說：「放心！沒事！她正在辦交接。」大家看看Candice沒什麼異狀，也就算了。不過事後回想起來，連我自己都納悶，不知道為什麼當時自己會這麼自然的這麼說？我只記得當時我輕輕對熟睡中的女兒說：「乖女兒，不用怕，把鼻隨時在妳的身邊保護你、守著妳。」

其實類似的經驗並不多，在離開坐月子中心之後，Candice從此就再也沒有類似的現象發生了。

說實在，若真有上一世，過去的，就讓它過去吧！在這一輩子裡，我在之前曾經說過，會在一起的靈魂們，生生世世都會在一起。現在，我只想說：親愛的乖女兒，這輩子，把鼻跟瑪迷會盡全心全意的來愛妳、疼妳、保護妳、呵護妳，把我們未盡的情緣，在這一世好好地延伸下去。

是不是？萱萱，在這裡，把鼻跟瑪迷再次全心的歡迎妳來到這個世界！

一個生命來，一個生命走：紀念咪咪

我莫名所以地望著蘇菲，蘇菲接著說：「我夢到咪咪來找我，好奇怪，夢的好清楚，咪咪看起來蠻開心的，對著我笑，我正覺得奇怪，一醒來，卻發現自己是哭著醒來的……。」，「親愛的……」，蘇菲突然開始驚慌跟激動地大哭了起來：

「我覺得咪咪是來跟我說再見……」

咪咪是蘇菲家養在台東的一隻波士頓鬥犬，就是市面上大頭狗娃娃裡，鼻子扁扁塌塌黑白相間，有一點像巴哥犬的那種。一直到Candice出生那天為止，在這個世界約莫活了十年歲月。

咪咪剛被抱到蘇菲家時，剛出生沒多久的咪咪才巴掌大，連眼睛都還沒有睜開。蘇菲家有三兄妹，蘇菲排行老么，獨生女的蘇菲，從小就是家中的掌上明珠，但是她一直有一個疼愛的小妹妹，就是咪咪。雖然之後蘇菲北上讀書，但是每當蘇菲回到台東老家，看到蘇菲最興奮的，除了蘇菲老爹老媽之外，就屬小狗咪咪了。

咪咪長得粗粗壯壯，聰明伶俐，跟天下所有的小狗狗一樣，愛玩、愛人陪、愛熱鬧、愛吃東西、心地善良，尤其最愛家裡有人騎摩托車把牠放在車前把手上兜風，一雙有一點長長的耳朵，每每在蘇菲騎車載她逛街的時候，被路上的小孩指著牠喊：你看！一隻兔子！

雖然經常被笑，但是陽光型女孩的咪咪不以為忤，因為從一出生就跟人類相處，平日跟其他同類也沒什麼互動，許多小地方甚至可以看得出來，咪咪常常會忘記自己是一隻狗，而以為自己是蘇菲的一個家人。

還記得第一次到蘇菲家見她父母，人生地不熟，加上緊張及壓力，咪咪對我來說，是蘇菲家讓我最沒壓力的一個家人，牠對我這個「客人」充滿好奇，繞著我轉來轉去地不斷聞呀聞，似乎想要儘快對我有更深一層的了解。我了解小狗，碰到小狗狗，只要牠願意讓你碰牠，只要輕撫牠的耳後、摸頭、還有肚子，大概就搞定一半了。咪咪看我這個大哥哥頗上道，跟我豁沒兩下就把她的後腿抬起來，要我摸牠的大腿內側胳肢窩的地方，沒多久，牠就跟我狂搖尾巴，正式認可我是牠「一國」的了。

即使蘇菲後來北上讀書及工作，但是心裡也時常惦記著咪咪，只要想到，蘇菲三不五時的就會打電話回家關心。

自古以來，人們就常說：狗是人類最好的朋友。看到蘇菲跟咪咪之間的互動，我真的可以體會為什麼有許多養狗的人，在牠們的小狗往生的時候，會如此悲痛逾恒，傷痛不已了。其實隨著歲月的流逝，咪咪早已不是當年巴掌大的小狗狗了，快十歲的咪咪，算起來在小狗一族中，已經算是個老婆婆了，體力也早已大不如前，蘇菲其實心裡也明白，只是不願去想、去談罷了。

但是，會來的，終究總有一天會來。

在Candice來到這個世界沒幾天之後，在坐月子中心，有一天夜裡，蘇菲突然淚流滿面的醒來，把我嚇了一大跳。蘇菲平復了一下心情之後跟我說：「親愛的，我剛剛夢到咪咪了。」

我莫名所以地望著蘇菲，蘇菲接著說：「我夢到咪咪來找我，好奇怪，夢的好清楚，咪咪看起來蠻開心的，對著我笑，我正覺得奇怪，一醒來，卻發現自己是哭著醒來的……。」，「親愛的……」，蘇菲突然開始驚慌跟激動地大哭了起來：「我覺得咪咪是來跟我說再見……」

蘇菲平常人稱既美麗又有智慧，我幾乎從來沒有看見蘇菲有情緒失控跟驚慌的時候，看見蘇菲這個樣子，連我都覺得事有蹊蹺，第二天，蘇菲一早就迫不及待打電話問家裡，剛開始家人還瞞著蘇菲，但在蘇菲的一番追問之下，台東的家人終於跟蘇菲承認：咪咪不見了！

話說蘇菲夢見咪咪的前幾天的某一個晚上，台東的阿公突然心血來潮帶咪咪到街上逛街，走著走著，忽然一陣鞭炮聲響起，待鞭炮聲及一陣煙硝散去，一回頭，阿公才發現，不知道是不是受到驚嚇的的關係，咪咪不見了！現場怎麼找也找不到。

剛開始的時候，阿公還不以為意，以為咪咪會像平常一樣自己找路回家，但是家人等啊等，擔心的事逐漸成真：

咪咪再也沒有回來！

而另一件不幸的事情隨之發生，因為蘇菲情緒的劇烈起伏，在蘇菲夢到咪咪的那一刻起，蘇菲竟然退奶了。

在蘇菲的堅持下，台東的家人印製了大量的海報到處張貼，甚至還上了台東的地方電視台播出尋狗啟事，但在一陣的焦急等待之後，咪咪依然沒有出現……

在蘇菲夢到咪咪的第二天，蘇菲還聯絡了一個修行的朋友，蘇菲的朋友一聽蘇菲述說夢境，跟蘇菲說，有些狗在往生之前，會離家自己尋找死去的地方，為的是不要自己親愛的家人看見牠們死去，咪咪應該已經往生，夢中牠是來跟蘇菲道別的，牠在蘇菲的面前表示自己很開心的樣子，就是要蘇菲不要傷心牽掛，若蘇菲難忍傷心牽掛，反而會害牠也跟著傷心牽掛，反而害牠不能好走，若蘇菲真的愛牠，疼牠，就應停止悲傷，為牠念往生咒，幫助超渡牠，讓咪咪一路好走（想當然爾，當蘇菲聽完朋友的分析之後，接著我就大街小巷的去找哪裡有賣往生咒了）。

蘇菲突然想起什麼的問她朋友（帶著某種期待）：「難道咪咪投胎來當我的女兒了嗎？」她的朋友說：「Candice先來到這個世界，應該不是，其實，許多家族中，一個生命來，往往也會有一個生命走，生命的循環就是如此，不用太過牽掛。」

是啊！咪咪！好好走吧！我知道你捨不得姊姊，放心！大哥哥會照顧姊姊的，姊姊以後也會告訴她的女兒，她曾經有一個心愛的小妹妹咪咪，她曾經多麼多麼地疼愛這個小妹妹，咪咪將會永遠活在我們的心中，留在我們記憶的深處，那個蘇菲曾經這麼疼愛過的小妹妹，那隻既可愛又善良的波士頓鬥犬……。

啃雞腿口水萱

我像是看到了世界盃棒球賽中日決戰，中華隊打出再見全壘打般的興奮地高舉雙手大喊：「Yeah！」，小Candice第一次成功翻身，初次從仰臥翻身成趴在床上，她抬起頭左顧右盼，似乎也對自己的表現頗為滿意，望著老爸得意地邊流口水泡泡邊笑得嘰嘰叫……

兒童專家告訴我們，小貝比剛來到這個世界的時候，對於他們身體的每一個部分其實並不熟悉，比如我們看到小貝比的一雙小手在自己的眼前揮來揮去，其實對小貝比來說，他也只是看到一雙手在自己的眼前飛來飛去，並不一定清楚那是牠們自己的雙手，也並不能熟練地指揮自己的身體，就像新手開車，對於他們的身體，小貝比還需要許多的時間去熟悉及學著如何去使用及駕馭。

幾個月大的Candice越來越可愛，白白胖胖漂漂亮亮的，真可以去拍嬰兒奶粉廣告，Candice小小胖胖的身子，全身一圈一圈的，猶如米其林輪胎的米其林寶寶，為了小Candice的頭型好看，以及書上說小孩趴睡猶如有大人抱著，小貝比會比較有安全感，睡得也會比較好，所以我跟蘇菲決定讓小Candice趴著睡（當時年紀輕，傻傻的就這麼決定了，隨著這幾年嬰兒趴睡猝死的新聞時有所聞，坦白說，若重來一次，我跟蘇菲不一定敢再讓剛出生沒多久的女兒趴著睡），有人說嬰兒剛由媽媽的產道出生的時候，由於受到產道擠壓，頭型普遍有或多或少的變形，但是沒關係，由於初生兒的身體柔軟未定型，新生兒的頭型在初出生的前四個月，都還有機會修改。

Candice的頭型被「雕琢」得很好看（我們真的是有下些功夫的，尤其是在Candice阿嬤的主導及努力下，除了前四個月阿嬤睡在小朋友身邊，隨時注意著小朋友睡眠過程的照顧，而且除了趴睡枕，另外再輔以別的小枕頭放在Candice的頭旁邊以「輔助雕琢」頭型），為了刺激小Candice的腦部發育，小Candice的小嬰兒床邊更是擺滿了各式各樣叮叮咚咚充滿聲音跟影像刺激的小玩具，雖然Candice還處在嬰兒時期的「口慾期」，但是在阿嬤的堅持下，小Candice才兩個多月就沒有吃奶嘴了，免得小朋友對奶嘴過度依賴，並且影響長大後的嘴型。

沒了奶嘴吸，上有政策，下有對策，Life will find the way，從此小Candice就拿自己的小手（小拳頭）當雞腿跟奶嘴，想到就把自己的小手手往嘴裡放，又啃又吸，邊啃邊吸得不亦樂乎，甚至可以一個人不哭不鬧的跟自己的「雞腿」玩上一個多小時，有時我們好玩的嘗試把小朋友的小雞腿拿開，脾氣不算壞的小Candice甚至會因此跟我們生氣，一副：「我自己玩得好好的，妳們為什麼不讓我玩呢？」的表情。有時做爸媽的我們看她「啃」得這麼香甜，都不自禁的懷疑這小「雞腿」真的有那麼好吃嗎？

Candice從離開坐月子中心之後，在台東阿公阿嬤家待了一陣子，除了我跟蘇菲因工作無暇二十四小時照顧小朋友之外，有經驗較豐富的阿公阿嬤照顧小Candice，我們也放心得多。

還有一個重要的原因，Candice的大舅舅、大舅媽跟阿公阿嬤住在一起，大舅媽是醫院的護理長，尤其在育嬰中心工作多年，照顧新生兒的經驗豐富。有一個專業的育嬰專家在旁邊幫忙照顧小朋友，我跟蘇菲就更放心了。

舉例來說，許多家有新生兒的父母最頭痛以及最戒慎恐懼的一件事，大概就是為新生兒洗頭跟洗澡，因為新生兒的身體非常柔軟，因此，Candice剛剛離開坐月子中心到台東阿公阿嬤家的時候，剛開始為小Candice洗頭洗澡時，我跟蘇菲大多只能站在一邊見習，最多就是幫小朋友的洗澡水量量水溫而已。

因為思念小女兒，我跟蘇菲當了一陣子的空中飛人，最後約莫Candice四個月的時候，做爸媽的禁不住思念，還是把Candice帶回了台北。只是這下苦了台東的阿公阿嬤，Candice一回到台北，因為想念寶貝外孫女，從此反而阿公阿嬤變成了空中飛人。

說起來，在大部分的時間裡，Candice跟其他小朋友比起來，真的算是情緒比較穩定且好帶的，但是即使如此，小Candice還是經過一段大概所有的小朋友都曾經歷過的「晝夜顛倒」的時期，相信許多為人父母的應該都記得，小貝比剛來到這個世界不久，在初期，牠們的生理時鐘跟大人們真的有很大的落差。

有句俗話，生第一胎「照書養」，生第二胎「當豬養」，Candice是我跟蘇菲的獨生女，蘇菲除了自己用功讀書之外，還指定教材要我念。但是，念來念去，我始終沒搞懂，為什麼幾乎每一個新生兒都會有一段「美國時差小孩」的時期？

那一段Candice「晨昏顛倒」的時期，小Candice平常白天乖巧地玩或睡覺，但是奇怪得很，對小Candice來說，越夜越美麗，大半夜精神好不說，小朋友半夜卯起來哭常常搞得我們大人們精疲力盡，加上Candice的哭聲很特別，她的哭聲是先「嗯哼、嗯哼」兩聲，再「啊………」的一長聲，所以蘇菲家附近的鄰居都認得出來，蘇菲家裡多了一個剛剛出生的小貝比。

隨著時間的逐漸過去，小朋友的夜啼也漸漸消失，也就是Candice的生理時鐘終於逐漸跟大人們同步了，接下來，在小Candice越來越愛啃雞腿之後，小朋友開始狂流口水，Candice從此從「雞腿萱」轉型為「口水萱」。

有人說，小嬰兒在長牙齒的時候開始流口水，對於小女兒來說，時間上倒是挺吻合的。Candice在發育的進程上比同齡的小朋友快很多，不是有一說：七坐、八爬、九發牙嗎？Candice比起其他小孩那可快得多了，我自己給女兒的成長過程編了個順口溜：三個月長牙、四個月翻身、五個月坐著叫媽、六個月爬著叫爸、七個月扶著沙發站起來。

回到了台北，變成了把鼻陪著小Candice睡，我細細地觀察Candice，親身見證Candice長出的第一顆小門牙，還有Candice第一次的翻身。小朋友第一次的翻身過程很有趣，有一天晚上約莫七八點，大人們剛吃過飯，小朋友也剛喝完奶，我坐在Candice身邊看著Candice陪她玩，她望著把鼻，咿咿呀呀的左右晃著自己的身體，顯然對她當時的睡姿不太滿意，晃來晃去，漸漸地Candice似乎抓到了某種訣竅，她看著把鼻越晃越用力，我則意識到似乎something will happen，充滿好奇的看著Candice，小女兒咿呀咿呀聲中突然用力往左側一翻，沒翻過，又晃回來，Candice似乎覺得很好玩，把鼻也開始在她身邊喊：「萱萱！加油！萱萱！加油！」，Candice調整好準備姿勢，再用力往右側一翻，沒翻過，又晃了回來，這樣翻了幾次，都沒有成功，在嘗試翻身的過程中，大概受到老爸一旁吆喝的鼓勵，口水萱不只留了許多的口水，她邊咿咿呀呀大聲的跟老爸一起給自己喊加油，認真到嘴邊都冒出了許多「口水泡泡」，突然見到Candice秉氣凝神，擺好姿勢，用力一翻……

翻……過……了……！

我像是看到了世界盃棒球賽中日決戰，中華隊打出再見全壘打般的興奮地高舉雙手大喊：「Yeah！」，小Candice第一次成功翻身，初次從仰臥翻身成趴在床上，她抬起頭左顧右盼，似乎也對自己的表現頗為滿意，望著老爸得意地邊流口水泡泡邊笑得嘰嘰叫……。

Candice生病了

我把小兒專用吸管輕輕伸入Candice的鼻孔，很小心地，然後慢慢吸，黃色的鼻涕一點一點的被吸出來，大概是有轉移注意力的效果，Candice收起了哭，睜著圓圓的大眼睛看著吸管裡的黃鼻涕跟我，一副：「把鼻你在幹嘛？好好玩！」的表情。

兒童醫學報導告訴我們，小貝比剛出生的前四個月因為有來自母親的抗體保護，所以一般在初生的前四個月裡，身體的抵抗力很強，不容易生病。但是一但過了這個上帝給予的保證期，小朋友的自體免疫系統開始自行接手單獨運轉，就不會再是「百毒不侵」，稍一不慎，隨時都可能會生病。

果不其然，Candice在開始了人生許多的「第一次」之後，雖然大人們百般小心呵護，我們的小公主終於還是免不了生病了。

Candice小小年紀還不會說話，平常最多只能手舞足蹈或是用「小人國」的語言跟我們溝通，但是Candice咿咿呀呀的「小人國」語，做大人的實在聽不懂，所以Candice跟我跟蘇菲這些大人們最有效的情緒表達方式就是「哭」，許多做家長的在小朋友成長的每一個階段都有一些需要面對的難題，在Candice還不會說話跟表達的這個時期，做爸爸的我最希望的就是，正確的了解Candice她要什麼、不要什麼、喜歡什麼跟希望什麼。

Candice生病發高燒，我跟蘇菲心疼不已，夫妻倆守著小朋友緊緊看著，一早趕到醫院，哇！人山人海，小兒科一堆小孩，蘇菲怕雙重感染，抱著小朋友在醫院外頭等，我則負責跑腿，像是掛號、杵在一堆掛病號的小朋友中間等叫到我們的號碼等等。我一想到Candice因為發燒臉變得紅通通的，加上生病身體不舒服一直哭，整顆心就揪成一團。

回到家，我抱著Candice輕輕地搖來搖去，哄著生了病的小Candice，但是Candice不領情，因為不舒服，十分委屈地哭，我正思索著如何可以讓她稍微舒服一點，突然聽到霹哩啪拉一陣奇怪的聲音，隨即身上、褲子上一濕，慘了！Candice拉了老爸我一身一褲子，我一想：靠！Candice包著尿布竟然還能有這麼大的威力?!

蘇菲跟我商量，Candice太小不會擤鼻涕，必須想辦法幫她把鼻涕清出來，我跟蘇菲對望了一下，我們是有準備幫小貝比吸鼻涕的專用吸管，但是真要這麼做，還是覺得有些噁心。但是沒辦法，讓Candice感覺舒服一些比什麼都重要，我告訴自己，自己女兒，不要說吸鼻涕了，若Candice跟蘇菲身陷火場，小弟還不是鼻子摸摸二話不說認命衝進去，吸個鼻涕唄，Not a big deal！

我看看蘇菲：「這樣會讓你覺得我是個慈祥的父親嗎？」，蘇菲忍住笑：「會！而且我會更愛你！」

唉！那還有什麼話好說？婚姻、愛情跟親情是一個一輩子持續競選的過程，為了小弟這輩子最重要的兩個選民，尋求終身連任及選民滿意度的我當然只有義無反顧的撩下去了！

我把小兒專用吸管輕輕伸入Candice的鼻孔，很小心地，然後慢慢吸，黃色的鼻涕一點一點的被吸出來，大概是有轉移注意力的效果，Candice收起了哭，睜著圓圓的大眼睛看著吸管裡的黃鼻涕跟我，一副：「把鼻你在幹嘛？好好玩！」的表情。

我忽然心裡面覺得有些驕傲（不過這個驕傲只能放在心裡，免得被蘇菲笑我太自戀），覺得我的表現跟朱自清「背影」裡的老爸好像也不惶多讓，有人說「為母則強」，其實為父不也是一樣的意思？為了小孩，太多做父母的心甘情願地犧牲自己某些原有的東西跟原則，只為了小朋友能過得更健康、更平安、更快樂、更好。

我突然想起我的父母，深深體會，真的！養兒方知父母恩！

桿弟老爸

但是原本是小天使的Candice可能發覺，親愛的把鼻會因為她扔東西力道跟方向的不同而在家裡四處的撿東西，嘴裡有時還會念念有詞（其實我是在告訴自己要冷靜，小孩子是無辜的），這時候小天使化身的小惡魔就會笑得嘰嘰叫地玩得更開心了。

Candice逐漸會坐會爬，對周遭的世界也越來越好奇，對於「玩耍」，Candice逐漸由嬰兒時期的靜態及被動（比如對嬰兒床週遭的具聲光刺激的玩具被動的反應，或拿著嬰兒玩具抓來抓去一個人咿咿呀呀的玩，或單純的只是啃自己的小雞腿），變得對距離較遠的外界的世界（主要指的是比原先以Candice自己為中心，直徑約一公尺以外的世界，含整個家）充滿了好奇。

越觀察Candice的成長，對照書上的講解，我越發現，小孩的成長幾乎都會依照著上帝所訂定的公式與軌跡發展，小貝比長到什麼階段會有什麼樣的反應，身體或心理會有些什麼樣的變化，發生的時間或有稍早或稍晚的差距，但是該經歷的過程卻一項也不會少。

人生的閱歷越豐富，我越覺得上帝真的很厲害，無論人類的科技再如何的進步，人與人之間是否有學識或是血統上的差異，許多人類的本質，無論健康、情緒、人性、情感、人與人之間的互動、甚至人類從小到大的成長過程，太多的「模型」（Model）都是依著上帝的規劃來走，人只能越來越瞭解原來當初上帝規劃的原理是如此，但是若說到「人定勝天」，說人類有許多的與生俱來的本能要反上帝之路而行，我覺得那真是太難、太難，也太不「自然」了。

所以家有小朋友，多看書，或是多聽、多問真的還是有必要，因為對於孩子的成長，許多現象或問題的發生，「理解」會讓做父母的心中較為篤定，「理解」也會讓父母知道該如何因應，最重要的，「理解」能帶來「諒解」。

舉例來說，許多小小孩長到約半歲之後，常常會在玩耍，甚至吃飯的時候變得非常的不安分，她們會把手邊的東西往外丟，她們把能抓到手裡的東西往前丟、往後丟、往左丟、往右丟、往上丟、往下丟、往四面八方丟，丟完了不打緊，小朋友們往往還會伸長了脖子看她們丟的東西飛到哪裡去了？

這種現象往往替大人們帶來許多的困擾，尤其是在公共場合。有幾次我就在餐廳裡看見一些年輕的父母們因為這樣的狀況責罵小孩，甚至打小朋友的手，意思就是要小小孩不可以亂丟東西（如果你家的小孩在餐廳把碗啊、筷子啊、湯匙啊什麼的當血滴子一樣的隨處扔，你會不會翻臉？），許多小小孩被家長制止（不管有沒有被打或被罵），脾氣壞一點的免不了就開始哭鬧，場面就更加一發不可收拾。

有一次我就忍不住對一對正在罵小孩的年輕父母說：「把拔瑪麻，其實小孩子這個年紀階段，亂丟東西是在學習跟瞭解什麼叫高、低、遠、近，很正常的。」那對父母一聽：「哦！原來是這樣！」當下態度就不一樣了，因為原來不是她們的小貝比不乖，而是幼童成長到了這個階段而已。

話雖這麼說，當我口中的「乖女兒」Candice也開始亂丟東西時，我雖自己對自己說：「恭喜你呀！黃正一！你女兒長大了！」，耐著性子當Candice的「桿弟」，但是原本是小天使的Candice可能發覺，親愛的把鼻會因為她扔東西力道跟方向的不同而在家裡四處的撿東西，嘴裡有時還會念念有詞（其實我是在告訴自己要冷靜，小孩子是無辜的），這時候小天使化身的小惡魔就會笑得嘰嘰叫地玩得更開心了（幸好小Candice的注意力不會集中太久，而且這樣的時期最後也終於過去）。

是不是？全世界的爸爸媽媽大概都會同意我的感受，捫心自問，我想世界上可能很難有一個真正一百分的超完美老爸或老媽，但是就算要做一個及格的二十一世紀現代雙親，豐富的學識、過人的體力、超凡的耐性、溫柔的舉止、縝密貼心的觀察、加上犧牲奉獻的精神，幾乎每一項都是我們「理論上」該努力做到的，對吧？

所以啦！各為把拔瑪麻！如果現在要你左手拿三民主義、右手拿聖經、對著上帝發誓忠誠地檢視自己，你覺得你是一個可以拿幾分的父母？

嗯！我只能說，養育小孩、把小傢伙們拉拔長大的的革命尚未成功，同志爸爸媽媽們仍需努力，大家以此共勉之！阿門！

牙牙學語

在此之前我心中一直有一個私心，就是不斷的在小傢伙身邊叫爸爸，希望Candice先會叫爸爸，好拿來跟Candice她娘蘇菲炫燿一番，無奈小姑娘的心還是比較向著她娘，這輩子學的第一句人話還是叫「媽」。

當你覺得有人好高騖遠或是不切實際的時候，你會怎麼說他？有一種很常見的說法是說人家「不會走就想跑」。

可是現實世界真的有這種人耶！我就是！聽我老媽跟我說，我還很小很小不會走路的時候，有一段時間若想從A地移動到B地，我會抓緊一樣東西（比如說椅背），看準B地另一個可抓緊的東西，然後快速跑過去，完成從A地移動到B地的目的，白話一點說，就是先學會短距離的跑，然後才漸漸放慢速度，學會走路。

若從紀錄上來看，Candice從會扶著東西站起身來之後的第一次的自主性的移動，跟她老爹我一樣，也是用跑的，不過我當年的跑是屬於謀定而後動型，Candice不是，該怎麼說呢？嗯！應該說是卡通爆笑型。

話說有一天晚上我跟蘇菲還有Candice一家人坐在客廳地板上玩，Candice不知為什麼突然對客廳的音響感到興趣，她爬到音響前，站起身來對著音響大聲地用她「小人國」的語言對著音響比手畫腳的「訓話」，由於畫面很好笑，我跟蘇菲充滿興味地看著Candice表演，我照著畫面用我的感覺來翻譯，可能是這個意思：「喂！

你這個大大硬硬的東西！我告訴你喔，我是大姊姊，我把鼻跟瑪迷就坐在我後面，我可是有靠山的喔！你以後要聽我的話，因為我是老大，知道嗎？」

我跟蘇菲看著Candice對著音響大聲自言自語的角色扮演，兩個人正相視偷笑，突然家裡的音響「碰」一聲大聲響起來（連我跟蘇菲都嚇一跳，至於真正的原因至今無解），Candice當時離我跟蘇菲約兩公尺，在聽到「碰」的那一聲時，Candice嚇得突然閃電般高舉雙手，眼睛、嘴巴都張得好大的一陣尖叫轉身衝到蘇菲的懷裡，我跟蘇菲先是一愣，接著一陣爆笑到捶地板：愛（唉）！又（喲）！Candice，瞧你剛剛神氣的?!搞了個半天，真是一個膽小鬼！

但是緊接著我跟蘇菲卻又覺得驚奇，對喔！Candice不是還不會走路嗎？靠！剛才跑得還真是飛快！逃命唄！我跟蘇菲真是完全被Candice打敗！唉！親愛的乖女兒！人家可是大音響咧！可不是妳平常玩的小狗狗、小兔兔跟小鴨鴨，我們平時為人處世還是謙虛低調一點好，知道唄?!乖孩子！

小Candice開始學說話，而且進度也比一般的小朋友快些，Candice五個月的時候學會坐，在她學坐的階段開始會叫媽媽（在此之前我心中一直有一個私心，就是不斷的在小傢伙身邊叫爸爸，希望Candice先會叫爸爸，好拿來跟Candice她娘蘇菲炫燿一番，無奈小姑娘的心還是比較向著她娘，這輩子學的第一句人話還是叫「媽」），雖然發音不一定總是標準，但我跟蘇菲知道，當Candice口中發出諸如像是：媽、麻、瑪、罵，或是像「瑪麻」、「麻嘛」等聲音時，都是在呼喚她的媽咪。

Candice六個月的時候開始會叫爸爸，邊叫邊爬，尤其是找把鼻跟她玩的時候（因為我比較會跟小朋友大動作的玩，對小朋友來說比較刺激跟好玩，三不五時還會讓Candice當馬騎，當真是Candice的大玩偶），我跟蘇菲在Candice還不太會說話的時候就會買一些圖畫書念給小Candice聽，一方面刺激小朋友的腦力發育，二來也帶著小朋友學發音，三來跟女兒也有更多的親子互動，Candice學得很快（從小我跟蘇菲就覺得小Candice有語言上的天份），不到一歲，許多話都會說了，而我最開心的就是：我終於開始比較能夠跟女兒有比較具體的語言上的溝通，而不是凡事都要透過經驗、猜測跟觀察。

我相信許多的父母一定不記得自己家的小朋友跟父母說的生平第一個較長的字串，或是句子是什麼？我記得！小Candice不到一歲就跟老爹我學到了生平第一個句子，這個句子每回蘇菲一聽到就皺著眉頭不以為然，Candice本人到了幼稚園畢業、上小學之後開始嗤之以鼻，但是我一直到今天每次一想到還是覺得很爽很開心。這句話也就是Candice每回有求於老爸，希望把鼻為她做些什麼，或是希望老爸能夠原諒她些什麼的時候，每次她只要搬出這樣一句，在老爸的面前，馬上加分一百分，幾乎是戰無不勝、攻無不克，並且，這樣的一句話，我相信只要Candice對老爹我說，在這一輩子，我大概都會像超人碰到氪星石一樣的沒有招架之力，而這句話是什麼呢？就是：

把鼻英明、偉大、慈祥、好帥！

老爸的最怕

而身為男人也沒什麼好埋怨的，每一個做爸爸的還記得嗎？當做老婆的費盡千辛萬苦、十月懷胎為你生孩子的時候，相信每一個當老公的在當下都曾經對老婆說過：真是太辛苦妳了，以後要我為妳做什麼都可以！

身為一個做爸爸的，小朋友從小到大，在不同的成長階段，或多或少都會有一些讓你擔心或害怕的地方，我這裡的害怕指的不是恐懼，而是一些你非常不想碰到，但卻又實在很難避免的麻煩情況，在Candice還很小的時候（大約上幼稚園以前），除了生病等比較一般的狀況之外，有幾件事是身為Candice老爸的我蠻怕碰到的。

老爸我最怕排行榜第一名：

走在大街上，Candice突然跟我說：「把鼻，我要大便！」

當過父母的都知道，小小孩不像大人有良好的「自制力」，小孩當街要大便或尿尿，當真十萬火急，而且小小孩不像大人們懂得未雨綢繆，知道有一些感覺的時候就要預做準備，小傢伙們不同，當她們就便便跟尿尿的問題向大人提出求助的時候，大概你剩下可緩衝的時間已經非常有限，所以每回我跟蘇菲帶著小Candice出門，「萬一小傢伙要大便」，絕對是一個事前即不可輕忽的問題。

雖說如此，無論你在帶著小朋友出門之前，是否事先已經想好「緊急疏洪路線」，在Candice還很小的時候，做老爸的我還真的有好幾次在茫茫人海裡，抱著小女兒Candice在街上狂奔的紀錄。

我還記得有一次在圓山飯店跟客戶談事情，親眼目睹一個可憐的媽媽，她從圓山大飯店的大門就一路「拎」著一個小男孩往廁所狂奔，一邊跑一邊對著自己兒子喊：「忍耐一下！忍耐一下！廁所快到了！」，那個小男孩則是邊哭邊自己脫褲子露出小屁屁地喊：「來不及了！我要大便！我要大便！」，那個媽媽拼了命的喊：「不行啊！拜託你不行啊！」，那個年輕媽媽就這樣跟小男孩一路呼嘯過圓山飯店大廳美麗豪華的紅地毯，週遭則留下一堆包括我在內的驚訝及同情的目光。

每回碰到這樣的狀況，蘇菲跟Candice都覺得有「超人把鼻」在，一定能搞定，我的確也被訓練得頗有經驗了。每次Candice在任何時間、任何地點對我說：「把鼻，我要大便（或尿尿）。」我都可以像電影裡演的超級電腦一般，立刻冷靜分析週遭地區的地型地物，瞬間歸納有哪些地方有廁所，接著計算最佳選擇標的及路徑，鎖定目標，然後牽著Candice的小手（如果判斷時間來得及），或是立刻抱起

Candice奮力向前衝。

老爸我最怕排行榜第二名：

被Candice操到沒精神、沒體力、沒耐性了，還要繼續陪她玩。

小小孩們真是世界上精力最充沛的一種動物，她們可以卯起來跟你玩個一整天，大聲叫、大聲笑、滿屋子飛奔，最後卻在回家的前一刻突然關機，整個人趴在把拔跟瑪麻的身上，熟睡地讓把拔瑪麻一路抱回家。

這是在把鼻瑪迷帶Candice出去玩，而且有小朋友作伴的情況下。但是在家裡，由於家裡只有Candice一個小孩，小朋友沒有玩伴，身為Candice老爸兼保鑣兼玩伴的我，就要使出渾身解數陪小公主玩耍了。

當Candice的玩伴或大玩偶不容易，除了要有過人的體力之外，許多時候還得要有過人的創意及理解力（因為有時候小Candice有她自創的遊戲及遊戲規則，做把鼻的我還得要能聽得懂小朋友的邏輯並配合玩耍之），像Candice有一個自創的遊戲，每每玩得不亦樂乎，就是把鼻把棉被憑空掀起再放下，並刻意在放下棉被的時候讓棉被中間鼓起一塊大大的像泡泡（因為裡頭包著空氣）的鼓起，小Candice再站在床沿往這塊鼓起的地方往下跳。你知道棉被或毯子其實挺重的，每每老爸我掀它個N次之後，就精疲力盡的趴在床上喘，但往往當時是Candice玩得最High的時候，老爸體力不行，小妮子當然一萬個不依啦！

還有一種Candice很愛的遊戲，就是「轉圈圈」跟「抱高高」，看字面就知道這是什麼遊戲了，一種就是抓著Candice的雙手轉圈圈，因為離心力的關係，Candice會感覺像是繞著把鼻飛起來，另一種則是不斷的雙手捧著Candice的腋下往上丟然後再接住，對小Candice來說，這也是另一種既刺激又好玩的「飛行遊戲」。

但是對於沒有猛男身材跟體力的老爸我來說，這幾種都是不用兩三下就可以把我操翻的遊戲，被女兒操到沒力了還要繼續陪她玩，為了轉移Candice的注意力並換一種比較輕鬆的把戲，好讓我們父女間的遊戲能有個Perfect & Happy Ending，往往深深的考驗著老爸我的智慧及耐心。

老爸我最怕排行榜第三名：

把鼻，有蚊子！

大家一定聽過這麼一句話：男人真命苦！為什麼呢？因為在生活中，舉凡粗重的活、危險的活、麻煩的活、骯髒噁心的活、需要花力氣的活，反正，只要老婆跟你說：「欸！你是男人耶！」的事，身為男人的都得鼻子摸一摸，認命去做。否則，哪裡還算是個男人呢？

而身為男人也沒什麼好埋怨的，每一個做爸爸的還記得嗎？當做老婆的費盡千辛萬苦、十月懷胎為你生孩子的時候，相信每一個當老公的在當下都曾經對老婆說過：真是太辛苦妳了，以後要我為妳做什麼都可以！

在我家，蘇菲跟Candice就算比我待在家中多十倍的時間，都絕對不會比我對家中的任何一景一物、任何一個細細的角落、或甚至任何家中牆壁上的一個斑點跟痕跡來得熟悉。

You know why？因為我在家中有一個神聖的使命，就是要保護蘇菲跟Candice母女兩人晚上睡覺的時候，不受蚊子的侵襲跟騷擾。

曾經有朋友跟我說，最羨慕那些家住在風光明媚、旁邊有山有水、或者屋子旁邊有樹的人，你看，家旁邊有樹有花草，早上還沒睜開眼睛就能聽到鳥叫聲，睜開眼睛之後又能看到青山綠樹，那日子過得該有多麼的愜意呀！

不是有一首大家從小都會唱的兒歌嗎？我家門前有小河，後面有山坡，山坡上面野花多，野花紅似火。

是嗎？日子過得愜不愜意我覺得那要看是誰過，但是家旁邊有樹有花草，有件事我倒是蠻肯定，就是一定蟲多、蚊子多！

不幸的（或是有幸的？）我家就是住在這樣的環境中，台北市中心，鬧中取靜，但是有一件不為人知的缺點：附近蚊子真多！

我真佩服台北的蚊子，無論家中紗窗封得多麼的密，牠們都有辦法變魔術般的飛進你的家來！

這可苦了我了！常常夜裡聽到蚊子在你耳邊嗡嗡嗡嗡叫，有時睏極了實在爬不起來，但是一想到蚊子就算不叮你，下一秒可能就會去叮蘇菲跟Candice，我是寧願蚊子在我身上留下一堆紅豆冰，都捨不得蚊子在牠們母女身上留下任何一個叮咬過的紅豆冰的，一番天人交戰下，最後總是長嘆一聲翻身坐起，拿起電蚊拍跟蚊子抗戰。

又或者有時我正好夢方酣，但是睡夢中只要蘇菲閉著眼睛喊聲：「把鼻！有蚊子！」，我也得立刻強打精神，全副武裝搜尋蚊子的蹤跡。並且她們母女只要通知到我就算工作完畢，繼續睡她們的大頭覺，而且放心得很，因為她們知道把鼻在沒有解決蚊子之前，會盡責的守在她們的身邊不讓蚊子近身，只要把鼻醒著，蚊子就不可能叮得到她們。

這時候你就能體會什麼叫做男人真命苦了！或者說老爸真命苦！因為蚊子經過億萬年的演化，許多真是聰明得比台灣的政客還精，牠們神出鬼沒，神龍見首不見尾，往往明明嗡嗡嗡在你眼前飛過，一眨眼又憑空消失不見。

也因為如此，因為長久以來對蚊子的追蹤及觀察，我幾乎對家中的每一個細節都瞭如指掌：蚊子可能喜歡停留的特定的幾個地方、家中牆壁上的幾個夜裡乍看會以為是蚊子的斑點、又或者是在與蚊子正面對峙的時候，該用什麼方式、角度或工具（電蚊拍、手掌，甚至橡皮筋）殲滅蚊子的機率最高等等，往往跟蚊子奮戰一整夜，第二天一早才揉著惺忪的熊貓眼去上班。

有關老爸我最怕排行榜其實族繁不及輩載，各位跟小弟我一樣命苦的把拔們，小弟相信以上所列舉的幾件事情，許多做把拔的一定備感哀怨、心有戚戚焉！但是老婆跟孩子畢竟是我們此生最美麗的包袱、最溫柔的負擔，男人嘛！為了老婆孩子，還能怎麼樣呢？有首歌大家一定記得：阿爸像座山！

各位把拔們！咱們就認命唄！誰叫咱們在家人的面前要做一座山呢?!

隨扈老爸

因此，現代隨扈平時「出任務」時所扮演的角色，可能有時是「保鑣」、有時是「南宮博士」、有時是「秘書」、有時是「小弟」。而對蘇菲跟Candice來說，若把以上全部所有的角色通通加起來，它的正確的說法應該叫：把鼻。

大家都知道「保鑣」吧?所謂保鑣，自古以來就是一種為保護某些特定人物人身安全的一種職業，世界上有許多的重要人物身邊都有為數不少的保鑣。

時至今日，「保鑣」有一種更加文明的說法，叫做「隨扈」，只是印象中所謂的「隨扈」的任務似乎不再只是單純的人身安全的保護，或者甚至只是為某個特定重要人物擋子彈的無名英雄而已，現代的「隨扈」的任務似乎更加多元，也更加人性，現代隨扈所擔負的責任，除了傳統的人身安全上的保護之外，他甚至可能還要為某些人充當分析事理的幕僚、處理一些生活上的瑣瑣碎碎的小事，讓他所服務的人的日常生活過得更加安全、便利及舒適。

因此，現代隨扈平時「出任務」時所扮演的角色，可能有時是「保鑣」、有時是「南宮博士」、有時是「秘書」、有時是「小弟」。

而對蘇菲跟Candice來說，若把以上全部所有的角色通通加起來，它的正確的說法應該叫：**把鼻**。

身為隨扈老爸，平常上下車開車門，或是走在大街上，手上大包小包地拎東西那是最基本的。走著走著覺得熱了，脫下來的衣服由把鼻拎著也屬自然（不過比較多的情況還是，冬天的時候，把鼻把外套拎在手上，隨時準備幫在街上跑來跑去的Candice加衣服），簡單來說，我們一家人出門玩，Candice跟他媽咪兩隻手經常都是空著的，母女兩在我的跟前手牽手，向前走。那隨身帶的東西都到哪兒去了呢？當然它們全部或提、或揹、或掛的全爬上Candice老爹小弟我的身上啦！

在我家，隨扈老爸還有一個比較特殊的任務，就是一家人出去玩，萬一製造了一些垃圾，像是幫Candice擦鼻涕留下的衛生紙、吃完零嘴剩下的包裝袋、還有喝完的飲料罐等等，第一步經常也是先隨手交給把鼻，再由把鼻另外想辦法找垃圾桶丟掉。

而Candice有一個從小就享有的福利跟習慣，不過說出來可能會有很多朋友說我灌壞小孩（不過Candice從小就乖巧，我自己倒是把此類行為看成是我們父女間的親密行為），就是每回Candice吃口香糖，若嚼得沒味道了，她就跟我說：「把鼻，我不要吃了。」然後就把口香糖吐在把鼻手裡，做老爸的再找垃圾桶丟掉；除此之外，吃飯的時候，若Candice吃不完，剩下來的，多半也是由把鼻負責把它們吃光光。

講到這裡，其實還不脫一般做爸爸經常做的雜事，我這個人還有一個怪癖，就是當我站在街上或走在街上的時候，我的頭頂上絕對不會有東西，像是招牌呀、冷氣機呀，甚至花盆呀什麼的，因為要避免萬一的風險，而若一但帶著Candice，我當然就更加留上了心（針對這一點，蘇菲就不以為然了，因為她覺得我這是小心過了頭，雖然我的邏輯是：隨手可以小心一點的事，為什麼不隨手小心一點呢？）。

身為隨扈老爸，還有一件事多年來已經變成我的習慣，就是每次我跟蘇菲跟Candice走在馬路邊，或者過馬路，我一定走在靠近來車最近的那一邊，什麼意思呢？仔細一點講，就是過馬路的時候，不管是不是走在斑馬線上，我一定先走在她們母女的左邊（因為車子從左邊來），但是一但過了馬路的中線，我又會加快腳步走到蘇菲跟Candice的右邊（因為此時車子就會變成從右方來），簡單講，就是為了要保護蘇菲跟Candice，過馬路時，哪一邊會讓車子先撞到，我就走在哪一邊。

上下樓梯也是如此，比如在捷運站、或是百貨公司、或是任何有手扶梯的地方，只要是上樓，我一定走在她們母女的後面（也就是下方），若是下樓，我則會站在蘇菲跟Candice的前面，道理一樣，萬一她們摔跤，我就能在第一時間扶住她們。

而走在街上，偶爾會碰到一些比較奇怪的人或事（比如說我家附近有一個精神病患常常在大街上閑晃，自言自語外，還會若有所思地盯著你瞧；又或者碰到施工的工地，隨時都可能會有不可預知的危險），只要蘇菲或Candice在我的身邊，我也經常會立即在心裡提高戒備，直到狀況解除。

我不覺得我是太緊張了一些，一來這跟我個人的習慣跟某些人生態度有關，二來我也覺得，許多做父親的都會為妻小買許多的保險，其實在我的觀念裡，我們做爸爸的才是老婆孩子們生活中最大的保障跟保險。其實保護老婆孩子不難，真正的保障來自傷害發生事前的用心，就像前面所說的，能夠隨手可以小心一點的事，為什麼不隨手小心一點呢？

以上所說的還都是一般生活上經常碰到的，若說有什麼突發狀況的經驗，在我印象中，當年九二一大地震，才真真正正讓我體會跟驗證到真有事關生死的狀況發生時，我對蘇菲跟女兒Candice的表現跟態度。

當年九二一大地震發生當晚，我像往常一般陪著Candice睡，當時Candice已經睡著了，但是我還沒睡著，突然間一陣天搖地動，屋子劇烈地搖晃，感覺猶如隨時會崩塌，當時我想也不想，翻身背朝上把Candice抱在懷裡，同時呼喊蘇菲確認她還安全，也讓她知道我跟Candice安全在一起。

說實在，小弟從小到大從沒那麼恐懼過，因為依當時我的感覺，這絕對是一場會死傷很多人的大地震，當時我的心裡除了禱告，我所能做的就是把自己當成人肉盾牌，緊緊地把女兒抱在懷裡，在那一分多鐘與死神擦身而過的時間裡，我第一次感到短短的一分多鐘，竟然有如超過一個世紀那麼的漫長。在驚魂甫定之後，我抱著Candice到蘇菲身邊，Candice依然沉睡在夢鄉，我跟蘇菲四目相望，須臾之間，恍如隔世。

其實類似的情況我之前也曾設想過，只是沒想到真的有一天會跟死神這麼樣的接近。一直以來，我對蘇菲跟Candice若面臨危險時的信念只有一個，並且自認終身不會改變，就是我絕對不能忍受當蘇菲跟Candice在恐懼害怕的時候，我不在她們的身邊。因為若有一天我讓她們單獨在危險中恐懼或害怕，並因而造成永遠的傷害，而我竟然不在她們的身邊，那我將一輩子無法原諒我自己。

我相信許多做爸爸的應該能體會我的感受，就算有一天我們註定要為妻女擋子彈，我們也一樣甘之如飴。

蘇菲開玩笑跟我說過好幾次：「親愛的！你真的很適合去做隨扈耶！而且是很

用心的那種！」

其實真正的原因哪裡是我愛當呀?! 若是我自己一個人，或是跟一般的朋友或同事走在街上，我才懶得那麼serious地眼觀四面、耳聽八方呢！更別說是擋子彈了！

真正的原因蘇菲當然也知道（Candice則是年紀太小，傻呼呼兼理所當然的如此這般被把鼻呵護跟保護著），這一切還不是因為：

愛！

青梅竹馬

有一天，我們在回家前照例幫他們兩個小朋友洗澡，洗著洗著，此時已經上小班的威威，跟快上小班的Candice忽然安靜了下來觀望著彼此，大人們看著兩個小傢伙原本熱熱鬧鬧地邊洗澡邊玩，忽然氣氛一下子冷了下來，正覺得奇怪，Candice突然一副發現新大陸般的神情抬頭問我：「把鼻，為什麼威威的下面長著條？」

威威跟他長得跟美國影星約翰庫薩克有著百分之九十相似度明星臉的大帥哥老爸Daniel長得幾乎是一個模子刻出來的，高挑的身材（因為他父母都高）、俊秀的臉龐，我常跟Daniel說，等威威長大以後，真不知有多少的小女生會愛上他。我個人從威威小時候就很喜歡這個小孩，倒不只是因為外表或跟他父母交情的關係，在許多時候，小威威在跟Candice的互動上，小小年紀就會發自本性地體貼小Candice，脾氣溫和、陽光、體貼又善解人意（這一點跟他老爹也一模一樣），尤其他曾跟我說，雖然他從小學跆拳道，小小年紀就有黑帶的實力，但是：「我爹地告訴我，男生在任何情況下都不可以打女生。」

威威大Candice半歲，但是年級高Candice一個年級，還記得他們第一次相見的時候，威威還只會爬，Candice則還在襁褓中，當威威父母把Candice抱在懷中的時候，半歲大的威威還會吃醋地嘰嘰叫，一副捍衛自己爹地媽咪只能自己一人獨享的樣子，但隨著Candice再大一些些，對於威威的玩耍的要求可以有些回應的時候，兩個人就經常每一兩個星期的週末就玩在一起了（不過真正的原因是，一來他們兩個小朋友從小就投緣可以玩在一起，二來也因為雙方的父母工作都忙，因此常常互相幫對方帶小孩）。

很多人都覺得假日帶小孩很辛苦，因為小孩很多時候很難搞，但是威威跟Candice不會，他們從學齡前玩到學齡後，只要兩個小蘿蔔頭混在一起，他們可以從早到晚自己想出一堆的創意來玩，有時是辦家家酒的角色扮演，有時甚至會自己編舞步來娛樂大人，總之只要他們兩個人湊在一起，做大人的都覺得超好帶，像我自己就有許多次的經驗，小朋友們自己玩（他們幾乎從不吵架，因為威威多數時候會讓著Candice），我則是在客廳看DVD影片看一天，頂多偶爾看看小朋友們在幹嘛而已！

兩個小寶貝還有一件事情跟其他的青梅竹馬不一樣，由於玩一天，小朋友一定會流許多汗，加上玩上一整天之後，回家時多半都會累得趴在把鼻瑪迷的肩膀上沉沉睡去，因此往往做大人的會讓他們先洗完澡之後再回家，想當然爾，這又是另一個遊戲的場景，也就是說，在這對小小青梅竹馬還是小小孩的時候，他們都是一起洗澡的。

有一天，我們在回家前照例幫他們兩個小朋友洗澡，洗著洗著，此時已經上小班的威威，跟快上小班的Candice忽然安靜了下來觀望著彼此，大人們看著兩個小傢伙原本熱熱鬧鬧地邊洗澡邊玩，忽然氣氛一下子冷了下來，正覺得奇怪，Candice突然一副發現新大陸般的神情抬頭問我：「把鼻，為什麼威威的下面長薯條？」

威威當場大聲抗議：「我下面沒有長薯條！我下面沒有長薯條！我爹地說那是小雞雞！妳下面才長薯條！」，白目的Candice還莫名其妙的先看看自己然後說：「沒有啊！我下面才沒有長薯條！」

此時還在爭辯的兩個天才兒童渾沒發現，因為小Candice的一個意外的發現，旁邊的大人們早已經爆笑到一個個笑得東倒西歪了。

第三篇

快樂小人國

上幼稚園

如果時間來得及，我其實很享受跟女兒一起站在家門口等娃娃車的時光，每到這個時候，我都會親親女兒、幫她梳一梳被風吹亂的頭髮、再一次整理她的小書包，等到娃娃車來了，再跟Candice來個愛的抱抱，最後kiss bye，然後目送娃娃車離開我的視線。

Candice上幼稚園了！

其實Candice進入我家附近的幼稚園的時候，上的其實是比小班還小一級的幼幼班，話說自從小Candice四個月大從台東阿公阿嬤家回到台北的家之後，由於把鼻瑪迷平常要上班，因此平常的時間就交由爺爺奶奶帶，因為爺爺奶奶年紀大了，為減輕爺爺奶奶體力上的負擔，以及顧及小朋友開始需要玩伴，小Candice從三歲起就上幼幼班了。

選擇Candice要就讀的幼稚園，主要是由蘇菲主導。蘇菲對小朋友的人格及身心發展頗注意，勤於買書看書就不用說了，從對於小Candice生長的環境，像是住家的環境品質等，到小朋友要上的幼稚園，她都有一定的堅持。會選擇這一家在台北頗有知名度的幼稚園，主要的原因是這家幼稚園不像時下的幼稚園一般標榜許多的才藝或英語的教授，雖然也是雙語教學，但是環境寬敞、明亮、整潔（在台北市，幼稚園能有非常寬敞的室內及戶外遊戲空間，供小朋友盡情跑跳玩耍的好像不多）、知名財團投資的背景、整齊的師資及家長素質、離家近，最主要的，是幼稚園園方的教育理念：小朋友在學齡前的人格及品德教育，遠遠比其他的智能教育重要。

園方的理念很能獲得蘇菲跟我的認同，對我來說，我只要Candice健康快樂地長大，我甚至一直自負的認為，只要父母的素質好，加上給小朋友一個好的成長跟學習環境，其實根本不必擔心小朋友會輸在起跑點。

對於小孩，我一直有一個理論，每回我在受邀演講的場合都會說，就是一個人從小到大的成長過程中，有三個影響他成長的環境因素，就是家庭、社會及學校。但是有可能有一對雙胞胎，她們可能來自同一個家庭、同一個社會及同一個學校，但是長大後在社會上的人格或整體表現可能會完全不同，除了際遇之外，原因就在於這個小孩的「自覺」，用句老祖先說過的話，就是這個小孩的「慧根」。

大家都知道，「聰明」跟「智慧」不同，所有的父母都希望自己的小孩除了「聰明」之外，長大成人之後還能以「智慧」為人處世，成為一個對社會有貢獻的人才。基於此，除了小朋友與生俱來的人格特質之外，從小開始的人格養成就很重要。

蘇菲對於教育Candice一直有她的一套看法，舉例來說，為了訓練Candice的獨立的能力，Candice打從三歲開始就曾經自己搭飛機到台東的阿公阿嬤家，度完假期之後，再一個人從台東飛回台北。

當初這算是一場在眾人反對聲中的獨立練習（老實說，包括我），當然事情的處理過程中還要講究實行的周延及安全，因為在執行的過程中，我才知道，我們可以請航空公司幫忙將小朋友帶到特定的航班跟機艙座位，請空服員在航行過程中特別take care小朋友（如果小朋友有任何情緒上，像是害怕、哭鬧的狀況發生的話），等到飛機著陸，再由航空公司人員帶到出口，交由特定人（事先說好）領回。

Candice的表現出乎所有大人的預期，小小年紀才三歲的Candice不哭不鬧（這除了Candice生來就是一個情緒比較穩定的小孩之外，行前詳細的說明跟叮嚀，讓她知道在過程中所有環節都有人會照顧她，讓她因為相信把鼻瑪迷而相對放心，從而在行為上表現得比較勇敢），跟把鼻瑪迷kiss bye之後（天知道我心裡還是擔心跟捨不得得要死），乖乖跟著空服員大姐姐上了飛機，一個人靜靜地待在飛機座位上（幸好台北到台東的航程只有四十分鐘），最後再跟著空服員大姐姐見到了來接機的阿公跟舅舅。不僅如此，過程中還不忘多次跟空服員大姐姐說謝謝！讓接送機的空服員大姐姐們讚不絕口地說Candice既乖、可愛、勇敢又聰明。

Candice上了幼稚園之後，老爹我每天早起負責買早餐，蘇菲則負責叫小朋友起床（小傢伙三不五時會賴床），一陣忙亂之後，我會牽著Candice的小手在家門口等娃娃車。

如果時間來得及，我其實很享受跟女兒一起站在家門口等娃娃車的時光，每到這個時候，我都會親親女兒、幫她梳一梳被風吹亂的頭髮、再一次整理她的小書包，等到娃娃車來了，再跟Candice來個愛的抱抱，最後kiss bye，然後目送娃娃車離開我的視線。

有時臨時趕不上娃娃車（比如前一天晚上玩得太晚，第二天實在起不來），我也會自己送Candice上學，說實話，每回碰到這樣的狀況，我也很enjoy，我會送Candice到學校，Candice會給老爹我三個kiss bye（左邊臉頰、右邊臉頰、親嘴嘴）再愛的抱抱，然後我再目送女兒走進教室。等到Candice離開我的視線之後，我不急著上班，信步就近走到幼稚園附近的一家提供美式早餐的咖啡廳吃早餐，然後邊看報紙邊喝一杯香濃的咖啡，最後才施施然地去上班。

當Candice放學的時候，一般都是由娃娃車送到家門口，大多數的時候則是爺爺奶奶等在家門口接，有時奶奶也會特別到幼稚園接小朋友放學，這時祖孫倆會手牽手慢慢散步回家，奶奶跟Candice生肖都屬虎，大老虎跟小老虎年紀雖然差了一甲子（六十歲），但是邊走邊說也很有得聊，有時興致來了，也會到家附近的公園玩一會兒再回來，等到回到家，爺爺準備好的點心早就熱騰騰的等著小朋友了。

我一直很喜歡，也很懷念這樣的溫馨接送情的感覺，有的時候覺得，小Candice真是幸福，身邊有把鼻、瑪迷、爺爺、奶奶、阿公、阿嬤、叔叔、舅舅、老師、同學這麼多人愛她、喜歡她、呵護她，許多時候我心中也充滿了感謝，感謝上帝給了我跟蘇菲一個這麼可愛的小女兒，這也是我之所以會想要寫這本書的原因，因為我要幫小女兒紀錄下來她從出生以來所有重要的成長的點點滴滴，讓她在稍微長大以後能夠知道，她能健健康康、快快樂樂的長大，過程中除了把鼻跟瑪迷，有那麼多愛她的人為她付出了那麼多濃濃的愛，這些人愛Candice不求任何的回報，只希望她能健健康康、快快樂樂地長大。

也許很多很多年以後，Candice長大成人，許多過往的回憶不復記憶，甚至這許多愛她的人之中，有些將不會跟著Candice一輩子，但是老爹我有一份使命感，我希望有一天小Candice還是能夠鮮明地知道，在她成長的歲月裡，曾經有這麼多的長輩跟朋友們曾經那麼無私的愛她、疼她。

我跟蘇菲深深希望有一天小Candice能成為一個懂得知福、惜福、感恩跟回饋的好孩子。因為一個懂得知福、惜福、感恩跟回饋的好孩子，在未來一輩子的歲月中，會因為她的懂得感激及懂得付出，而能為自己帶來更多的福報及貴人的相助，老爹我跟蘇菲不一定能夠跟著Candice照顧她一生一世，但是若能留給小女兒一個好的品德跟能力，最主要的，一個好的、正面的、體貼而陽光的人生觀，或許這才是我跟蘇菲此生中留給Candice最好的資產。

老爹我當然更希望有一天Candice能成熟長大到了解我跟蘇菲的用心，能夠貼心地跟她的把鼻瑪迷說：把鼻瑪迷呀！你們放心！我、知、道！

我想養狗狗

她緊緊地抱著我，哭得好大聲，許久許久，情緒漸漸平靜了，臉上掛了兩行淚，還抽抽噎噎的，我一邊心疼這個小女兒，一邊也為她想要幫媽媽佈置一個小花園的心意感動。

有一天蘇菲跟我說，算命的跟她說家裡陽台最好擺一些花，要開花的，可以避小人。

我其實是不太相信這些的，但是既然蘇菲說要，星期六我就帶著女兒上假日花市買花，Candice聽說要去花市，開開心心地跟著把鼻就出門了。

週末的台北假日花市，因為天氣好，風和日麗，人真是多到個不行。不過人雖多卻沒有減了我們父女倆的興致，一到假日花市，在花市的入口就看到有一個流浪動物之家的流浪狗的認養攤位，看到攤位上的每一隻狗狗的可愛又無辜的眼神，大狗狗、中狗狗、小狗狗，Candice興奮地每一隻都想要抱一下、摸一下，但是由於天生膽子小，每一隻都要把鼻先抱起來，看看小狗狗真的很乖不會咬人，才敢接過去抱或伸出小手去摸摸小狗狗。

Candice把每一隻小狗狗當成是絨毛玩具的小狗，看到一隻要一隻，我跟小朋友說：「要養小狗狗當然可以呀！不過小狗狗年紀小，如果我們養牠們，那你就是大姊姊囉！大姊姊要照顧底迪跟美眉對不對？」，Candice看了看小狗狗，用一種肯定的眼神看著我：「嗯！」。

我接著說：「底迪跟美眉每天待在家裡很無聊，大姊姊要每天帶牠們到外面散步溜狗喔！還有！禮拜六跟禮拜天還要帶牠們到大安森林公園跑來跑去跟玩飛盤喔！」，Candice眼睛閃著光芒，想也不想，大聲地說：「嗯！」

我又跟Candice說：「可是小狗狗會尿尿跟便便耶！怎麼辦？那這樣好了，我們一起照顧小狗狗，把鼻負責清理小狗狗的便便，那大姊姊就負責清理小狗狗的尿尿好了。」

不到五歲的Candice有點不解，家裡的絨毛娃娃，像是狗哇、貓哇、熊啦、小青蛙啦什麼的，平常都是乾乾淨淨、不吵不鬧的，除了偶爾久了被Candice抱髒了或是Candice頑皮起來用蠟筆畫花了的情形除外。但是小狗狗會大小便這件事她雖然知道，要她清理這件事，小朋友可就從來沒想過了。

她想了五秒鐘，用有一些遲疑的語氣，有點心虛又有點小聲地說：「好哇！」，我知道她有一些猶豫了，其實我主要也是想要幫助她把事情想清楚（在我的心裡，主要就是要機會教育的幫助她學著全盤地去思考一件事情，只要她從頭到尾想過了，下定決心，若她媽咪也同意，那就養囉！），我再接著說：「妳知道清理小狗尿尿怎麼清理吧？」Candice顯然開始擔心了，她用更小聲的聲音問：「怎麼清理呀？」，我很仔細的告訴她：「就是用一條抹布把地上小狗狗的尿尿擦乾囉！可是可能一次擦不乾淨，把鼻會幫你把抹布洗一洗，再給你在地板上擦一次。」

她顯然開始知道事情的嚴重性：「那我的手會不會碰到小狗狗的尿尿？」，「當然會呀！」我說。

講到這裡，其實結果已經很明顯，但是她顯然還不死心，想要再作最後一搏，她忽然擺出史瑞克電影裡頭那隻痞子貓的招牌表情，以最最無辜及可愛的眼神看著我：「把鼻……（尾音拉得好長），你可以幫我擦小狗狗的尿尿嗎？」

我其實有些心軟，但是我語氣溫和但態度堅定：「不行，我們說好的，把鼻負責清理小狗狗的便便，那大姊姊就負責清理小狗狗的尿尿。你是大姊姊呀！除了陪小狗狗玩，當然也要照顧牠們呀！對不對？」Candice點點頭。

我繼續機會教育：「如果大姊姊要養小狗狗，牠們就是你的底迪跟美眉，牠們不是只是會跟你玩的玩具而已喔，牠們也會生病，也可能會發脾氣亂叫很討厭，也可能會頑皮把家裡弄得很亂要整理，就算帶牠們出去玩，大姊姊也要好好地保護牠們，不要讓牠們亂跑，萬一走丟了，就遭糕了！」

我說：「如果有一天妳走丟了，看不到把鼻跟瑪迷，妳會不會很害怕？」小朋友點點頭。

「對呀！小狗狗也是一樣啊！如果大姊姊沒有好好地保護好牠們，萬一小狗狗走丟了，牠們找不到大姊姊，也一樣會害怕的。所以囉！如果我們家養小狗狗，把鼻跟瑪迷當然會陪著妳照顧她們，但是大姊姊也要幫忙喔！」

我最後看著女兒，溫和地問她：「大姊姊想好了，準備好了要照顧跟養小狗狗了嗎？」Candice很認真的想了一下，輕輕地搖了搖頭。我說：「如果有一天，大姊姊準備好了，我們再一起來挑小狗狗好不好？」小朋友又開心了起來，大聲地說：「好！」她把抱在懷裡的小狗狗還給了流浪動物之家的大哥哥，往前跑了一圈，嘻嘻哈哈地再度開始她的冒險之旅。

後來，在Candice的主導下，她選了好幾盆花開得很漂亮的小盆栽，回家後小朋友興高采烈地要自己擺這些花花草草（玩這些小花總不會有便便跟尿尿的問題了吧？），突然聽到她尖叫一聲，我衝到陽台，她一下跳到我身上拼命哭，顯然嚇壞了。原來有一隻毛毛蟲爬上她的手，這膽小鬼剛剛還說要幫瑪迷佈置一個小花園的呢！

她緊緊地抱著我，哭得好大聲，許久許久，情緒漸漸平靜了，臉上掛了兩行淚，還抽抽噎噎的，我一邊心疼這個小女兒，一邊也為她想要幫媽媽佈置一個小花園的心意感動。

從想要養小狗到佈置小花園，Candice真是一個可愛、善良又貼心的小小孩，雖然最後是她站在旁邊看著把鼻把陽台佈置了一下（因為剛才真的是嚇到了），但是我還是很滿意跟開心，因為我知道我的女兒盡力了，畢竟她還只是個還在念幼稚園小班的孩子。

Candice的戀人們

因為Candice班上小男生的「童話式求婚」，我因此要求並訓練了小Candice一個標準的答案：就是若有小男生跟Candice說：「少萱，我可以跟妳結婚嗎？」的時候，小Candice會跟這些小愛慕者們說：

嗯，我要回家問我把鼻！

許多名人在被問及人生的初戀的時候，不少人都會說生平第一次有愛慕的對象是發生在幼稚園的時候。遠的不說，包括小弟我自己就是，只是年過不惑之年的我依稀記得，那是一個長相清秀、氣質恬靜害羞、留著一頭長髮、經常紮著兩條辮子的一個小女生。至於她到底叫做什麼名字？或是確切的長相如何？時間都過了幾十年了，實在壓根兒不記得了！到如今我只大概記得後來家父因公調職，全家要北上搬到台北定居，小小年紀的我，在一股悲壯的心情下，有一天鼓起勇氣，把我最心愛的一個玩具送給了那個小女孩，自此之後，這個小弟這輩子第一個暗戀的對象，就此有如斷了線的風箏，從此飛出小弟我的生命。

人生真是奇妙！轉眼間這麼多年過去了！若沒有什麼意外，當年那個念幼稚園紮著兩條辮子的清秀小女生，現在應該也已經是好幾個小孩（搞不好還不太小）的媽了！

我這個人有一個優點，就是記憶力超強，蘇菲常常就此事表達對我的佩服之意，許多我跟她之間，甚至我跟她跟Candice之間的往事，她早就忘得乾乾淨淨，但是我卻清清楚楚的記得猶如剛剛才發生過一般（比如當我在寫這本書的時候，小Candice都已經念小學三年級了）。

這對我跟Candice的相處有很大的幫助，因為我可以清楚的記得當年身為小朋友時的情緒跟心情還有邏輯，因此許多時候，我可以以同理心知道小朋友當時的感受跟邏輯，從而以像是朋友的立場跟角度跟女兒對話。

因此平常我跟Candice的相處比較不像父女，倒比較像朋友，雖然因此小女兒比較不怕我，對我常常比較沒大沒小（因為把鼻跟她的互動像大哥哥，而且貼心的她也鮮少惹我生氣），生性脾氣溫和的我倒也從來不以為忤。

兒童心理學不是有這樣的說法嗎？當你要跟小朋友溝通的時候，請蹲低身子到跟她們同樣的高度來對話，因為如此能讓小朋友們增加認同，從而提高溝通的效能。

除了外在形式上的認同小孩（如蹲低身子到跟她們一樣的高度），心靈層次的溝通不是更應該如此？當我們做父母的想要了解孩子、知道她們小小心靈在想些什麼的時候，以她們的情緒跟邏輯來看事情，對於增進親子間的良性互動，不是更能帶來事半功倍的效果？

想想我們還在當小學生時的感覺、想想我們還是青少年時的感覺、想想我們當年跟同學、跟同儕、跟老師之間互動時的感覺，看著我們的孩子，回想當年的我們自己。

如果我們自許是一個認真且用心的父母的話，think about that，我相信這樣的過程跟方法是值得的。

是不是？當我們跟孩子們彼此能做到相互理解的時候，我們彼此方能做到相互的諒解，有了相互的理解及諒解，我們方能做到幫助跟保護。那麼踏出這種良性互動的第一步的一方又該是誰呢？當然是身為爸爸媽媽的我們呀！否則咧？難道是小朋友們？

我發現，週遭跟我有相同看法的父母其實不少，時代果然跟我們父母那一代大大不同了，大家知道從哪裡看得出來嗎？從Candice的小愛慕者們身上就看得出來。

其實Candice只是一個還在念幼稚園的孩子，講「愛慕者」三個字似乎過於沉重，在大人的眼中，說穿了也就是某個小男生對幼稚園中某個小女生有好感，想要多接近她，希望她也喜歡他，兩個小朋友能夠一起玩而已。但是有一件很有趣的事，為了能讓小男生（或者小女生）能夠接近喜歡的對象，體貼並重視小朋友情緒及自尊心發展的父母真的會把孩子們的「喜歡」當成一件認真的事來看。

算起來Candice這一代還真是很幸福，我們小時候若喜歡班上的小女生，絕大多數只能擺在心裡面，最後隨著時光的流逝而逐漸地淡忘。若說到告訴父母，那真是聽都沒有聽說過。而若萬一不幸地讓父母知道，被罵被打者有之，我相信我們父母那一代大概只會覺得我們這群小孩「人小鬼大」、「胡思亂想」而已，我相信會正面看待這樣事情的人真的不多。

但是時至二十一世紀的今天，身為二十一世紀小孩的「孝子」父母們來說，為了要讓小朋友有一個好的身心發展，為了避免小朋友在小小的心靈中產生挫折感，也為了讓小朋友有健康及良好的人際關係，許多父母甚至會幫自家小朋友主動「製造機會」，讓小朋友能有更多的機會相處及玩耍，而自己家小朋友開心了，做父母的（其實這其中絕大多數是一群在乎寶貝兒子的媽咪）也就放心了。

不是吹牛的，從我家Candice念幼幼班開始，因為她的聰明、可愛、乖巧、氣質、加上天生的美人胚子，不要說班上的那些小男生了，連老師跟好多的家長也都喜歡她，因為她聰明、聽話、記性佳、情緒穩定、做事認真（我認為這一點源於她天生的榮譽心跟好勝心），在幼稚園裡，大家都喜歡Candice，而所有幼稚園中有關小朋友的表演，像是聖誕節晚會啦，甚至畢業典禮啦等等，Candice永遠被安排站在舞台第一排的最中間，負責帶領其他小朋友以及作為舞台的主要表演者，而老師們總是這樣的安排的原因很簡單，因為Candice永遠是那個練習的時候認真練習，正式表演的時候，又總是有大將之風，不會怯場，且從不犯錯的讓大人們放心的小孩。

這樣的小孩當然大家都喜歡，我跟蘇菲除了總是被人問小孩是怎麼教的之外，許多的媽媽們還會經常在假日安排幾個小朋友到家裡（或者一起到某個小朋友可以玩的地方）一起玩，為的就是要滿足小兒子們希望多接近喜歡的小女生的期盼，然後，很有趣的，只要有喜歡的小女生在的場合，小男生們都會收起平時在家的調皮跟胡鬧，變得比較聽話、有禮貌跟乖巧。每每讓那些孝子媽咪們感慨萬千：唉！我們這些兒子的上輩子的老戀人有什麼用啊！為了教兒子，每天跟兒子打仗，喊破了喉嚨都不理我們，嘿！氣質小美女往身邊一站，小痞子們一下子個個都變得知書達禮了起來，怎麼差這麼多！

不過埋怨歸埋怨，小伙子們的老戀人兼氣質老美女老媽們看到原來自家兒子其實也可以相貌堂堂、彬彬有禮、開開心心兼活潑帥氣的樣子，孝子老媽們還是覺得很開心，覺得費心的安排還是值得的。

而身為氣質小美女Candice（天曉得我們家的小公主在家裡的時候，其實也不是always都那麼有氣質啦！）的老爹兼上輩子老戀人的我來說，當然也樂見我家小朋友跟其他小朋友們可以常常玩在一起。

只是現在的小朋友對喜歡的小女生表示好感的時候，所用的辭彙跟我們當年的做法跟用法很不同，現在的小朋友會跟Candice說：「少萱，我可以跟妳結婚嗎？」（還記得唸小班的Candice第一次跟我說班上有男生想跟她結婚的時候，還真把我嚇了一跳）

大家還記得Candice從出生以來被老爹我教會的第一個句子是什麼嗎？是：把鼻英明、偉大、慈祥、好帥！

因為Candice班上小男生的「童話式求婚」，我因此要求並訓練了小Candice一個標準的答案（我心裡其實很期待即使Candice長大了之後都能這麼對男朋友說，蘇菲還因此嘲笑我：這又是一個滿足老爹小小虛榮心的說法）：就是若有小男生跟Candice說：「少萱，我可以跟妳結婚嗎？」的時候，小Candice會跟這些小愛慕者們說：

嗯，我要回家問我把鼻！

慈祥的爺爺奶奶

我常常感動跟滿足於看見小Candice跟爺爺奶奶互動的畫面，小Candice是爺爺奶奶生命的再次延續，每每看到夕陽餘暉下，家附近公園裡爺爺奶奶坐在公園的椅子上，和藹陪著Candice跟其他小朋友或小狗狗一同玩耍的畫面，都會讓我的心中升起一股幸福的感動。

Candice的爺爺，也就是小弟我的老爹，早年在大陸廣東省蕉嶺縣（「八百壯士」抗日名將謝晉元將軍的家鄉）當過小學校長，是家鄉少數受過高等教育的知識青年（老爹年輕的時候，約莫就是小說「未央歌」的時代）。後來投筆從戎，參加對日抗戰，在民國三十八年大陸失陷前，因為身為國軍高階將領的父親（也就是我的祖父）在台灣因病過世，老爹在民國三十七年來台處理小弟祖父的身後事，沒想到大陸風雲變色，從此留在台灣一輩子，跟許多的老兵一樣，成為一九四九年以後的「新台灣人」。

見過老爹的人每每對老爹的濃濃書卷氣印象深刻，老爹鶴髮紅顏、飽讀詩書，平時讀書寫字、寫詩，加上生性陽光樂觀、脾氣溫和（一般認識的朋友公認小弟的好脾氣遺傳自小弟老爹），熱心公益（老爹跟許多老人家一樣，為了常跟老家來的同鄉相聚，經常往同鄉會跑，跑久了，就成了總幹事跟理事長）又燒得一手好菜，「黃老爹」在身子骨還硬朗以前（約八十歲之前），事務繁忙的程度，三不五時跟創業的兩個兒子比起來，未遑多讓。

Candice的奶奶，也就是小弟我的母親，則是一個典型得不能再典型的台灣中壢客家婦女，在物資缺乏的年代，陪著老公胼手胝足地把兩個兒子拉拔長大，因為她的勤儉持家，讓小弟在一路成長的歲月中，倒也沒碰到過什麼樣的煩惱，一路平平安安、順順利利的讀書、長大。

Candice來到這個世界，爺爺奶奶的開心真不是筆墨可以形容，我們黃家連生了三代的兒子，一直期盼能有個小公主，有了小Candice，老人家們平靜的退休生活忽然又有了生活的重心，我常常感動跟滿足於看見小Candice跟爺爺奶奶互動的畫面，小Candice是爺爺奶奶生命的再次延續，每每看到夕陽餘暉下，家附近公園裡爺爺奶奶坐在公園的椅子上，和藹陪著Candice跟其他小朋友或小狗狗一同玩耍的畫面，都會讓我的心中升起一股幸福的感動。

因為我跟蘇菲白天要上班，Candice打從出生四個月之後就由台東阿公阿嬤手裡轉由爺爺奶奶帶，常常有人說「母子連心」，Candice跟奶奶間也曾有過一次令大家感動的互動。

話說Candice出生七個月大的某一天，奶奶在家正陪著Candice玩，當天爺爺不在，家裡只有一老一小兩人，突然奶奶感到腹痛如絞，摔倒在地痛得站不起來，小

Candice不知道發生了什麼事，只隱隱約約知道奶奶跟平常不太一樣，小朋友雖小，卻懂得不哭不鬧，守著奶奶拍拍奶奶以示關心，幸好過了一會兒蘇菲剛好下班回家，小朋友不會開門，聽到瑪迷的聲音才比較放鬆地趴在奶奶身上開始哭。

奶奶後來送台大醫院急救，經詳細的檢查之後，發現是膽囊結石所導致的急性膽道炎，當奶奶住院開刀取出膽結石的時候，已經膽囊蓄膿面色發黃，幸好術後治療的狀況良好，總算日後對身體的健康沒有太大的影響。

奶奶因病住院了一陣子，阿嬤聞訊上台北幫忙照顧小Candice，說來奇怪，小Candice不再像以前一樣的開開心心地玩耍，小小心靈似乎常常若有所思，在家裡四處尋找奶奶的身影，大人們跟她說奶奶生病住院了，一但身體好起來就會回家看她。但是七個月大的Candice聽不懂，好像Candice小小的心靈中在擔心跟奇怪著奶奶那一天在她身邊倒下之後，是不是就再也不回來了？

本來大人們覺得Candice太小，醫院裡什麼可能的病菌都會有，小小孩除非必要，儘量不要到醫院，奶奶擔心小Candice被病菌感染，尤其堅決反對。但是看著小

Candice稚嫩的臉上，卻掛著成熟的憂鬱，於心不忍之下，最後我跟蘇菲跟阿嬤決定帶著Candice到台大看望奶奶。

到了醫院，小Candice見到了奶奶，奶奶聽說小朋友想她找她，感動跟捨不得的幾乎快掉眼淚，奶奶慈祥地跟小Candice說：「奶奶沒事，不要擔心喔！過兩天就回家跟你玩。」

Candice看著奶奶露出了笑容，說也奇怪，回家之後，真的就從此恢復正常，又笑又鬧地回復了她快樂小天使的臉孔。

Candice的表現讓我感動跟驕傲不已，當然奶奶更是感到窩心（奶奶等了一輩子，就是在等待著有一天自己能有一個貼心的小公主），小Candice才七個月大就懂得「牽掛」，真的，從小到大，Candice就是一個這樣貼心的小孩，幾年之後Candice比較長大一點，蘇菲常跟我說，Candice常常會逗她笑，跟她撒嬌，主動幫她做這做那的讓她開心（比如當瑪迷生病了，她會主動把藥跟水送到瑪迷身邊餵瑪迷吃藥），常常讓蘇菲覺得，她真的很好命，從小到大大家都疼她，一直到她都做了母親了，都還能得到自己小女兒的照顧跟疼愛。

許多家有小小孩的家庭都會碰到一個有趣的狀況：爺爺奶奶們經常叮囑做爸爸媽媽的不要溺愛小孩，天曉得平常最寵愛跟捨不得管小孩的經常就是老一輩做爺爺奶奶的。

Candice的爺爺奶奶對小孫女永遠都是輕聲細語，和顏悅色，尤其爺爺基於傳統中國文人的習慣，在Candice還小的時候，就會帶著小Candice背唐詩，要不是Candice太小不適合握筆學寫字，Candice的爺爺其實一直是蠻想帶著小Candice學著寫書法的（小弟老爹的書法寫得蠻好，又持續保持練字的習慣，小弟從小獲得不少書法比賽的獎項，就是由老爹一手調教出來）。

前面說過，Candice的爺爺很會做菜跟吃的，但是卻也常常引起蘇菲跟我有關Candice是否吃得太精緻跟被過度寵愛的討論，因為爺爺做起菜來很講究，手工細膩，尤其是切水果，為了讓小Candice容易吃，常常把水果等食物切成一小塊一小塊，然後奶奶再一小口一小口地餵進小Candice的嘴裡，常常小Candice邊吃邊玩，一口飯含在嘴裡半天不吞下肚，換成別人早就失去耐心，偏偏奶奶就是可以苦口婆心、和顏悅色地跟小朋友耗上一個小時。看在我跟蘇菲的眼裡，只能用「嘆為觀止」來形容。有幾次蘇菲跟Candice說這樣爺爺奶奶會太辛苦的，Candice為了怕爺爺奶奶太累，也的確會稍加收斂，但小朋友往往沒多久就又會忘記。

至於爺爺奶奶，只要有小Candice承歡膝下，即使累一些，我看也是甘之如飴，歡喜做，甘願受。任何時候，只要小傢伙跟爺爺奶奶一撒嬌，慈祥的爺爺奶奶就開開心心的，一下子什麼疲勞都通通沒有了……。

甜蜜的搖籃曲

這樣的情況可遇不可求，我跟蘇菲從不打罵孩子，拿Candice沒輒，我們只好協議輪流陪Candice睡，本來還想是不是可以陪Candice睡著就好的，但自從有幾次Candice夜裡醒來找不到把鼻瑪迷，嚇得抱著絨毛娃娃哭著跑到把鼻瑪迷的房間傷心地抗議是不是把鼻瑪迷不要她之後，因為心疼寶貝女兒，我跟蘇菲連這最後的一點原則都放棄了。

小朋友的睡眠問題，真是門學問。

打從Candice一出生開始，小朋友的睡眠問題就一直是我跟蘇菲頗為重視的議題，有一說若小小孩的睡眠問題管理得好，小朋友吃得飽、玩得好、睡得著，小小孩自然會長得頭好壯壯、聰明健康。當然，若再加上小朋友獨睡的議題，從兒童心理學的角度來說，若做父母的處理得宜，對小朋友獨立人格的培養，自然也就打好了健康發展的基礎。

講到Candice自己睡的問題，著實讓我跟蘇菲傷了很長一段時間的腦筋。曾經聽過一些朋友的說法，說讓小小孩學著自己一個人睡有兩個重要的時點：四個月的時候是一個關口，而三歲的時候則是另一個關口。若這兩個關口功敗垂成，屆時若想要讓小朋友自己一個人睡，大約就要等到小朋友長更大一些，大到小朋友為了擁有更多自己隱私的空間，而自行克服獨睡的恐懼的時候，而到了那個時候，多半就算小朋友還沒到青春期，大概也差之不遠矣。

碰到這樣的問題，做父母的於公於私都很尷尬及不便，於公來說，擔心小朋友不能儘早培養獨立自主的習慣跟能力，於私來說，對夫妻倆的獨處跟私生活當然也會帶來不便。

Candice從小就跟爸爸媽媽睡，雖然我跟蘇菲曾經嘗試N次跟Candice溝通，希望她能試著自己睡，但是天生膽小的Candice就是沒有辦法辦到。不知道大家相不相信，在我的印象中，Candice一直到上小學一年級以前，只有一次自己睡著的經驗，那一次是她跟把鼻瑪迷鬧彆扭，一個人跑回自己房間躺在床上生氣，我心存僥倖地問她：「今天要不要把鼻瑪迷陪妳睡呀？」，小妮子正在氣頭上，氣呼呼大聲回答：「不要！」，我心裡想：真的假的？等過了一會兒聽她在房間裡沒動靜，我輕手輕腳的到她房間探頭一看，哦?!小朋友睡著了！

這樣的情況可遇不可求，我跟蘇菲從不打罵孩子，拿Candice沒輒，我們只好協議輪流陪Candice睡，本來還想是不是可以陪Candice睡著就好的，但自從有幾次Candice夜裡醒來找不到把鼻瑪迷，嚇得抱著絨毛娃娃哭著跑到把鼻瑪迷的房間傷心地抗議是不是把鼻瑪迷不要她之後，因為心疼寶貝女兒，我跟蘇菲連這最後的一點原則都放棄了。

說起陪小Candice睡，在小朋友臨睡前，為了營造睡覺的氣氛，好讓小Candice甜蜜入睡，老爹我還有許多的動作要做，舉例來說，從Candice出生沒多久開始，在她睡前，我跟蘇菲就會調暗她的房間的燈光，再播放柔和的搖籃曲，還記得曾經有一次在Candice還只有半歲大的時候，小傢伙怎麼樣都不睡覺，後來我只好抱著她邊搖邊哄著Candice睡，當時半歲大的Candice已經有一點重了，我抱著她隨著音樂節奏地搖，搖著搖著手酸了，但是可能Candice覺得在把鼻的懷裡搖來搖去很舒服，我的手一停她就哭，逼得我只好立刻繼續邊晃邊搖，我印象很深刻，那一次我抱著Candice邊聽著音樂邊搖邊哄她睡覺，最後當Candice終於滿意的甜蜜入夢，我輕輕地抱著女兒把她放在她的小床上輕輕親她一下的時候，我心裡默數著那首睡前音樂總共已經播了三十一遍，我的一雙手早已酸痛得快不認得是我自己的了。

除了聽音樂，我跟蘇菲也會跟Candice說睡前故事，不過跟其他的方式比起來，坦白說講故事比較少，一來很多時候在哄Candice睡覺的同時，我跟蘇菲其實也睏了，人在睏的時候說故事，若邊說邊打哈欠，或因為腦袋不靈光說得牛頭不對馬嘴，在小朋友面前會招致抗議及質疑；另外，有時小朋友越聽越感興趣，本來有一點想睡的，後來反而不想睡了，說睡前故事反而招致反效果。對我跟蘇菲來說，睡前要營造的就是一種輕鬆及溫馨的氣氛，讓Candice在身心放鬆的情況下，甜蜜平靜地入睡。

除了聽音樂跟說故事，從Candice上幼稚園起，有很長的一段時間小朋友很喜歡把鼻在她睡前幫她做腳底按摩，這時候除了睡前音樂，我也會邊跟她說說話、聊聊天，邊幫她按摩腳底，有時我也會在她逐漸放鬆的時候，幫她剪指甲，然後陪著她逐漸進入夢鄉。

當然，每次陪女兒睡，我最滿足的就是Candice在快睡著之前，都會親把鼻一下，然後跟把鼻說：晚安！把鼻我愛你！

而每一次看著小Candice天使般的甜蜜入睡的臉龐，我也都會忍不住親親她的小臉蛋，在她耳邊輕輕地跟她說聲：

親愛的乖女兒，晚安，把鼻也愛妳……

小小音樂使節

而從小學習音樂及律動，我跟蘇菲的想法則是：經由音樂的體會及專業舞者的指導，讓小朋友在舞蹈教室中有意義的自由跑跳及翻滾玩耍，而在遊戲的過程裡，讓小朋友更加了解及揮灑使用自己的肢體，從而在潛移默化中，讓小朋友擁有自然及優雅的儀態。

我常常覺得我家的Candice蠻有音樂天份的。

我跟蘇菲是六零年代（時下所謂的五年級生、X世代）出生的小孩，在我們小的時候，正是台灣的經濟剛剛開始快速起飛，政府積極從事十大建設的年代，雖然我們小時候沒有經歷三、四年級生的吃醬油（或豬油）泡飯的苦日子，但畢竟當時的一般家庭環境普遍都還不算寬裕，因此許多有藝術天份跟興趣的小孩，雖然喜歡畫畫、嚮往學鋼琴跟小提琴、渴望收集超合金的無敵鐵金剛，但因為經濟狀況不允許，許多小孩因此埋沒或放棄了他們的天份或理想，而這些小時候無法達成的心願，往往成為往後幾十年裡心中的遺憾。一但隨著歲月的成長有了經濟基礎，為了實現孩提時的夢想，要不就將當年的遺憾在自己的子女身上實現（比如學畫畫、鋼琴跟小提琴），要不就成了復古懷舊商品（像是超合金的無敵鐵金剛）的主要消費族群。

我跟蘇菲本來就是積極鼓勵小朋友努力開拓自己興趣跟性向的父母，尤其我們小時候都有沒能學彈鋼琴的遺憾，因此，當Candice表示出想學鋼琴的興趣的時候，我們當然也就樂觀其成（不過為了確認Candice不是只是一時好奇玩玩而已，我們是先弄一台keyboard給Candice玩，然後找老師學，當確認Candice真的有興趣及開始有練琴的需要時，才真的買一台鋼琴給Candice），而隨著時間的累積，小朋友也真的逐漸展露音樂的天份，除了音感好，學習進度超越同期的小朋友，小小年紀，也開始for fun地嘗試作曲（往往是Candice自己彈出旋律，再由老爹我將旋律轉成樂譜紀錄下來）。

Candice學琴有一個有趣的地方值得大家參考，由於小Candice從小就小有一點點積蓄（從小到大的壓歲錢跟零用錢），因此Candice學琴的學費都是由她自己出，蘇菲從Candice很小的時候起就有心地培養Candice獨立自主的能力，這點老爹我打從心底佩服及肯定，跟Candice她媽咪蘇菲比起來，老爹我真是太好掌握了，從Candice很小很小的時候開始，只要Candice一句「把鼻英明、偉大、慈祥、好帥」，做老爸的小弟我就傻呼呼的付錢了，有時甚至連這一長串的台詞都不需要，Candice甚至只要拉著我的手，用白雪公主看著白馬王子的眼神輕輕跟老爹我說聲：「把鼻……」，小弟我也投降了。

除了音樂的天份，小Candice從幼稚園小班開始，我跟蘇菲也為Candice報名了雲門舞集的「小青蛙」兒童律動班（這是雲門舞集旗下從事教導小朋友音樂及身體律動的系統課程，嚴格說起來，這並不算是舞蹈），選擇雲門舞集的「小青蛙」，事先我跟蘇菲也做過一些功課。

我們讓Candice學鋼琴，主要當然是Candice有興趣及天份（雖然這所謂的「天份」沒有經過實際的學習過程驗證之前，充其量也只能說是我跟蘇菲的觀察及推測），但是附帶的，我們也期待經由鋼琴的學習，帶領Candice進入正統音樂的領域，一來培養Candice一個一生都能受用的興趣跟能力，二來藉由音樂的薰陶，也從小培養Candice的氣質。

而從小學習音樂及律動，我跟蘇菲的想法則是（這也是雲門舞集舞蹈老師們的教學目標之一）：經由音樂的體會及專業舞者的指導，讓小朋友在舞蹈教室中有意義的自由跑跳及翻滾玩耍，而在遊戲的過程裡，讓小朋友更加了解及揮灑使用自己的肢體，從而在潛移默化中，讓小朋友擁有自然及優雅的儀態。

在經過幾年的學習之後，雖然後來Candice沒有繼續在雲門舞集的「小青蛙」中繼續往更高級的班別學習（因為後來Candice沒興趣再玩了），但是我跟蘇菲都很肯定這些時日在雲門舞集裡的薰陶，因為長大一些之後的Candice，真的在舉手投足間，擁有了比一般小朋友更優雅及自然的儀態。

其實老爹我還有一個對Candice的養成規劃：就是希望未來能引導Candice閱讀大量的書籍。中國人有句名言：腹有詩書氣自華。小弟的老爹（也就是Candice的爺爺），在小弟很小的時候，就帶領著我看大量的書籍（不是蓋的，小弟在小學一年級的時候，就看完了東周列國誌跟三國演義，小學畢業前，就看完了東方出版社的世界名著全集、亞森羅蘋全集、福爾摩斯全集等超過數百本以上的書），雖然帶來了深度近視的副作用，但是大量的閱讀，對於日後的文字的運用、氣質的養成及談吐，都有著深遠的影響，而所謂台上一分鐘，台下十年功，這種內涵跟氣質的培養，靠的就是長年日積月累的累積，真的是一點都取巧跟速成不來的。

氣質、儀態、內涵、談吐

身為父母對子女的培養，除了高等教育的栽培之外，最多是不是也就是這樣了？有時想想，若干年之後，不知道是哪一個幸運的兔崽子最終贏得了我們家Candice的芳心？真的，對身為老爹的我來說，對女兒的付出跟愛越多，就越捨不得有一天放手讓她飛出父母為她建立的家園。

蘇菲嘲笑我：「親愛的！我看以後小朋友結婚，在婚禮上哭的大概不是我，八成是你這個離不開女兒的老爸！」。

屆時我會不會哭我不曉得（不過我可以跟大家賭一賠十：我說不定有可能八成會！），但是有一件事我可是越來越肯定：就是到我女兒Candice結婚的那一天——十、八、銅、人、陣！（詳「十八銅人陣」篇）

就算天王老子來說情，小弟Candice的老爸我，也不給面子！

石頭裡的天使

每一個孩子在還沒有長大之前，甚至在還沒有出生之前，本質上都是一個未經釋放的天使。每一個天使的樣子雖然不同，只要做父母的適當的引導及釋放，這個天使最終就會快樂地展翅飛翔。只是這個世界有太多的父母以自己的期待跟價值觀去雕琢這顆樸石，往往最後不知道到底是釋放了美麗的天使，還是扼殺了天使的釋放跟飛翔。

Candice從第一次握筆開始，就很喜歡塗塗畫畫，我跟蘇菲在Candice周歲的時候，並沒有想到要讓Candice抓周，如果當年真的讓小Candice抓抓看，我猜約莫小朋友會抓一支畫筆。

Candice真的很愛畫，平常好動的小小孩們最怕的就是無聊，每當Candice覺得無聊的時候，大人們只要給她一張紙跟一支筆，Candice就可以自得其樂的畫上好久。小朋友畫的內容包羅萬象，畫的經常是Candice大大眼睛跟小小心靈中所看到的綺麗世界：把鼻、瑪迷、小貓、小狗、花花草草、山川日月、雲朵彩虹、蝴蝶、蜜蜂等，從幾個月大時候的抽象畫，一直到幾歲大時候的立體派，再到更大一些時候的工筆畫，每一個時期有每一個時期的童趣，每一個時期也有每一個時期的豐富內涵跟驚喜，而每一幅畫的背後，也都有Candice所賦予的故事與驚奇。

在幼稚園裡，我跟蘇菲也幫Candice報名了繪畫班，讓Candice盡情地揮灑。不過Candice學校所安排的繪畫班很有趣，我相信家裡有小朋友的家長一定會有興趣，就是幼稚園校方所聘請的專業老師不僅教小朋友畫畫（不過老師所倡導的並不是繪畫技巧的傳授，因為教幼稚園的小朋友繪畫技巧，其實只是扼殺小朋友的創意，揠苗助長而已），也從小朋友的畫中分析兒童心理。

每一次老師在解說從畫中分析的小朋友心理時，總會吸引許多家長們的參與，因為從小朋友的繪畫中，家長往往可以看到許多平常所不知道的小朋友的心理世界，而這心理世界的探討，有許多屬於兒童潛意識的心理分析，往往可以看到家長們平常所看不到的小朋友的內心世界。

舉例來說，有一次老師分析了一個小男生的畫，那個小男生平時話不多，可愛、乖巧、長相清秀，但是老師仔細地分析小男生的繪畫之後，跟小男生的媽媽語重心長地說：「瑪麻，你家小朋友並不快樂，他承受了太多的壓力了！」，他媽媽一聽，當場心疼得眼淚就掉了下來。

我跟蘇菲當然關心Candice的內心世界，當輪到分析Candice的時候，老師跟我們說：「少萱把拔瑪麻，你們家少萱是個健康快樂的小孩，沒問題的，放心吧！」。

謝天謝地！對於小朋友的教養，我跟蘇菲一直有一個共識，就是只要Candice快快樂樂、健健康康的長大就好，Candice想要玩什麼、學什麼、做什麼，只要她快樂，只要對她是有益的，我跟蘇菲都會儘可能的滿足她、支持她；而若有什麼事是她不想做的、不想學的、跟別人比她不一定會是第一名的，我跟蘇菲也都不會勉強她。蘇菲一向主張不該過度的強調智育及才藝，一個完整人格的養成，比智育成績的爭取其實重要得多。

我完全同意蘇菲的說法，雖然我跟蘇菲的結論相同，但是其實假設前提略有不同，我的感覺是，在校成績的優秀跟多種才藝的學習其實並不是評價一個小孩的最主要的考量，蘇菲常常以我為例，覺得我是傳統填鴨式教育下的犧牲品，內心深處常常有一種萬般皆下品，唯有讀書高的過時心態。沒錯，當年紀越來越大，社會歷練越來越多的時候，連我自己都覺得，從小到大，我放棄其他興趣，專心苦讀，甚至大學四年當高三念，為的只是自己從小到大的光榮：全班第一名、全校第一名、書卷獎，然而當時過境遷，驀然回首，真的不曉得當初這麼拼的意義在哪裡？

但我跟蘇菲看法稍有不同的地方是：只要父母素質夠好，給小朋友的孕育的環境夠好（我指的是一個健康的、父母可從旁隨時給予鼓勵指導的、跟家人支持關心的環境，不一定要是一個所謂的優渥的環境），會是個優秀人才的孩子，不用強求壓迫，她自然就會是個優秀的人才。做父母的不用給小朋友太多的壓力跟「任務」，有智慧的父母只要做到「啟發」跟「引導」小朋友的「慧根」，支持孩子學習跟探索她所想要學習跟探索的事物，就功德圓滿了。

因此，對於Candice的畫作，我會跟Candice共同找出一個最滿意的作品，然後帶著Candice一起到師大的美術社，一起挑一個喜歡的畫框，然後要Candice簽上名字，接著把畫裱框在家裡掛起來。

蘇菲則更有創意，家裡餐廳大片的牆壁有些陳舊該粉刷了，蘇菲靈機一動，讓Candice邀請幼稚園的小朋友一起到家裡，把牆壁當畫布，讓小朋友盡情地塗鴉作畫（想當然爾，能畫牆壁，小朋友們當然眼睛發亮，開心死了！經過某個週末一個下午的合作發揮，包括小朋友們自己規劃故事主題、任務區塊的分配等，我跟蘇菲則照顧她們邊吃、邊玩、邊畫，以及小朋友站在椅子上畫畫的安全；等到作品完成，我跟蘇菲意外地發現，結果效果很好，整個客廳的氣氛都亮了起來）。

米開朗基羅有一個知名的雕塑：天使。有人問他：當初是怎麼想到要雕刻出一個天使的？米開朗基羅回答：我沒有雕刻一個天使，我只是把困在石頭裡的天使釋放出來。

真的很有哲理！每一個孩子在還沒有長大之前，甚至在還沒有出生之前，本質上都是一個未經釋放的天使。每一個天使的樣子雖然不同，只要做父母的適當的引導及釋放，這個天使最終就會快樂地展翅飛翔。只是這個世界有太多的父母以自己的期待跟價值觀去雕琢這顆樸石，往往最後不知道到底是釋放了美麗的天使，還是扼殺了天使的釋放跟飛翔。

每一個父母都愛自己的孩子，每一個孩子也都最愛自己的父母，真的！上帝給了我們為人父母的一個一生的功課：我們的孩子。只是如何細心雕琢及呵護我們生命的延續：我們的小孩。真的需要我們為人父母的體貼、體諒、跟**用心**。

Candice的第一次

有人說，愛情是融合著酸甜苦辣的過程，其實人生又何嘗不是？老爹我陪著小女兒Candice一路走來到今天，小朋友還小，我深深自許，就像每一次我陪著Candice經歷人生每一次的第一次的時候一樣，只要小女兒猶豫害怕，我都會緊緊牽著Candice的小手，抱抱她，親親她的額頭，跟她說：

萱萱不要怕，把鼻就在妳的身邊陪著妳，保護妳，看著妳，不離開妳……

有一個問題可能許多人一輩子都沒想過：如果要你不假思索的說出五件（也就是一隻手伸出來數得出的意思）從小到大跟爸爸媽媽共同經歷（或記憶深刻）的快樂的事，或者一生難忘的回憶，你說得出來嗎？

反過來問：如果要你不假思索的說出你們家小朋友從小到大跟你們（爸爸媽媽）共同經歷（或記憶深刻）的快樂的事，或者一生難忘的回憶（爸爸媽媽跟小朋友們），你（或你家小朋友）說得出幾件呢？

我問過的朋友們很多都一樣，大家都年紀越大越關心跟愛自己的父母，相同的，每一個人也都非常關心跟疼愛自己的小孩，但是一被問到以上的問題，其實能回答出來的不多，大多數人的回答是：「不記得了！」、「沒想過耶！」，用力想想多半說得出一兩件，但是這樣的結果反而讓人覺得奇怪：

不應該是這樣子的吧？

所以在親子關係越來越疏離的這個年代，反而有越來越多的父母們放棄一部份自己（或者更加注意自己的生涯及時間管理），更重視陪在小朋友身邊陪她們一起探索這個世界、一起成長。

是不是？孩子們是我們未來的期望，她們就像是一株株的幼苗，需要我們做父母的給予最好的灌溉跟保護，除了物質上的供給之外，最主要的，還在於精神上的疼愛、陪伴與重視。我們都期待給我們小朋友最好的，期待我們的小孩都能快快樂樂、身心健康地長大，從而未來能成為一個對社會有貢獻的人。

最主要的，小朋友們將在自己的父母身上，學著如何去關心他人、學著如何去「愛」。有人說：學琴的孩子不會變壞；那一個心中有安全感跟有愛的孩子呢？應該是能更加自信地去學習跟貢獻吧?!

所以，我跟蘇菲會帶著Candice去體驗人生中許多的「第一次」：第一次游泳、第一次騎腳踏車、第一次溜直排輪、第一次玩滑板車、第一次彈鋼琴、第一次去學跳舞跟身體的律動（雲門小青蛙）、第一次去坐雲霄飛車等等。

不過，陪著Candice人生第一次的體驗雖多，坦白說，倒也不盡然每一個都是我心甘情願陪著的，舉例來說，有一件事蘇菲就曾不只一次要求我陪女兒，但我卻總是抵死不從，大家知道是什麼事嗎？

陪女兒洗澡！

Candice從小就常常跟媽咪一起洗澡，她們母女可以一邊洗澡一邊玩，蘇菲覺得陪女兒洗澡可以增進親子間的情感，而且也可以在自然的情境下，幫助女兒了解跟認識自己的身體。蘇菲一直鼓勵我跟女兒一起洗澡，但是小弟我不知道算不算是因為比較保守的緣故，無論如何實在無法打開心結跟Candice一起洗澎澎，我可以在浴室擺很多的道具陪Candice玩很久，讓Candice的「洗澡之旅」變成一次豐富有趣的遊戲之旅，但是要讓Candice的老爹我也脫光了跳進浴缸陪女兒玩，坦白說，真的有很大的心理障礙。

結果有一天，在蘇菲跟Candice的極力簇擁下（我覺得Candice根本是跟著她媽咪瞎起哄），小弟我終於熬不過她們答應「下海」（其實是下浴缸啦！），結果我扭扭捏捏背過身去進了浴缸，反而是念幼稚園的小Candice老氣橫秋地說：「把鼻！我都看到了！」，然後跟她媽咪熱烈討論「為什麼把鼻有尾巴？而且尾巴長在前面？」

嗯！還好！Candice說我是尾巴長在前面，若她跟她媽咪說我跟她的青梅竹馬小威威一樣是蕃條長在前面，那老爸我可就傷心了！

而那一次也就成為我第一次，也是唯一的一次，跟女兒Candice一起洗澡。

還有另一個Candice人生第一次的經驗，是我不太習慣的。蘇菲自從政大畢業後，一直有一個未竟的心願，就是能出國拿到一個學位。終於有一天，她下定決心要拿一個美國EMBA的學位（其實說實話，這個美國EMBA的課程還是我介紹的），雖然課程大部分是在國內念，但是每逢寒假期間還是得到美國校本部就讀。

終於，蘇菲要出國了！對我跟Candice來說，這都是我們第一次要離開蘇菲那麼久。送走了蘇菲之後（在機場，我抱著Candice隔著進關的玻璃跟她媽咪四手相碰了好久，然後跟電視演的一樣，抱著女兒一路邊走邊目送蘇菲直到她消失在視線之外），我們父女倆一般的捨不得、思念跟不適應，白天還好，可是一到了晚上睡覺的時候，小傢伙就會哭著找媽咪，每回碰到這樣的狀況我就會百感交集：

唉！黃正一你這個白癡！沒事在老婆面前裝什麼大方啊！

有人說，愛情是融合著酸甜苦辣的過程，其實人生又何嘗不是？老爹我陪著小女兒Candice一路走來到今天，小朋友還小，我深深自許，就像每一次我陪著Candice經歷人生每一次的第一次的時候一樣，只要小女兒猶豫害怕，我都會緊緊牽著

Candice的小手，抱抱她，親親她的額頭，跟她說：

萱萱不要怕，把鼻就在妳的身邊陪著妳，保護妳，看著妳，不離開妳……

真的！只要把鼻的小寶貝萱萱妳是真的如此的：

躍躍欲試！

送花給瑪迷

我仔細地看著卡片中的三隻小老鼠，突然覺得，好像再也找不到比Canidce的畫更好的文字了。我覺得小女兒的畫已經表達了我心中的千言萬語，我第一次沒在卡片上寫下浪漫的文字，只是輕輕地在Candice的簽名旁邊，寫下了自己的名字。

因為，親愛的，我知道妳懂。

我每年固定至少送四次花給蘇菲：西洋情人節、結婚紀念日、中國情人節跟蘇菲生日。

今年的結婚紀念日不巧我出差不在台灣，在出國前夕，我跟Candice說：「過幾天是把鼻跟瑪迷的結婚紀念日，跟把鼻一起去買花送給瑪迷好不好？不過不可以跟瑪迷說喔！」

Candice聽我這麼說很興奮，對於能跟把鼻一起買花送瑪迷覺得好好玩。我們父女倆走進了花店，Candice看到偌大花店裡各種各樣的花覺得好新鮮；其實對我這個對花沒什麼研究的人來說，除了玫瑰、菊花、百合花、滿天星之外，對於花之物語，除了心懷好感，有關每一種花背後所代表的意義跟故事，雖然每次花店老闆都會說明，但是我就是很難記住。在我心裡面，覺得反正就是漂漂亮亮美美的買一大叢就對了，數大便是美唄！蘇菲能感受到我的心意就好了，至於細節的部份，反正我們家媽咪蘇菲也不是那麼樣的了解，只要蘇菲開心，我的貼心兼馬屁任務就算完成。

會心血來潮帶著Candice買結婚紀念日的花，一來每逢假日我都會儘可能想一些新鮮的活動來增進跟女兒之間的生活樂趣跟話題，除了玩，若活動本身可以讓

Candice學習或了解一些有意義的事物，then so much the better·，二來，在孩子的成長過程中，若生活中經常充滿了愛的感覺，也會讓小朋友的情緒跟人格發展得到更好的幫助。

我發覺每一個小孩子都非常希望自己的父母相親相愛，父母相親相愛會讓小朋友們有安全感跟快樂，小朋友們會為了父母親的相親相愛而感動，而作為父親的我，則又會因為小女兒的感動而感動。做一件事而能讓我們家的兩個美女開心，天底下沒有比這樣的事情更令人覺得划算跟開心的了！對吧?!

我跟Candice說：「今天的花由妳來選喔！要很漂亮很漂亮喔！」，在把鼻跟花店姐姐們（很好笑，花店裡的女生們，無論是老闆娘或店員，讓Candice叫姐姐比讓Candice叫阿姨來得更受歡迎）的鼓勵下，Candice牽著把鼻的手（小朋友有一點害羞）很認真的花了好一段時間選了一大叢，大家都說Candice選得美極了，真的，我跟女兒一起選的花，感覺起來特別的好看跟芬芳。

我跟Candice說：「我們一起來寫卡片吧！」，Candice歪著頭想了一會兒，拿起筆來在卡片上畫了三隻老鼠：一隻大老鼠、一隻中老鼠、一隻小老鼠。畫好之後，

Candice很開心地跟我解釋：大老鼠是把鼻、中老鼠是瑪迷、小老鼠是她自己，在卡片中，這個相親相愛的家庭三隻老鼠在一起玩得很開心。最後小傢伙在卡片的一角簽下了自己的名字：CANDICE。

我仔細地看著卡片中的三隻小老鼠，突然覺得，好像再也找不到比Canidce的畫更好的文字了。我覺得小女兒的畫已經表達了我心中的千言萬語，我第一次沒在卡片上寫下浪漫的文字，只是輕輕地在Candice的簽名旁邊，寫下了自己的名字。

因為，親愛的，我知道妳懂。

Hello Kitty樂園

在坐摩天輪的時候，我們一家三口一起坐一個小車廂，在山坡上的摩天輪依著山勢，在最高點的時候，俯瞰整個樂園，感覺上就像是飛在雲端上看著一個可愛的童話世界。

Candice幼稚園快畢業了，雖然幼稚園校方經常會為小朋友跟家長們安排校外旅遊，但是為了給小朋友及家長們有一個難忘的回憶，幾個熱心的家長一起規劃了一個小朋友的畢業旅行：日本九州的Hello Kitty樂園。

能跟把鼻瑪迷跟其他小朋友一起到Hello Kitty樂園玩，Candice覺得真是太幸福了，其實這一次的旅行玩的是日本九州，但是對小朋友來說，最大的重點，當然就是Hello Kitty樂園了！

有一個地方看得出來我們家Candice的興奮，平常每天早上叫Candice起床，在多數的時間裡都是個浩大工程，幾乎每一次都得三催四請的才能讓小朋友起床，有時候小朋友睡得不夠飽，做老爹的我還得要take care小Candice的下床氣。但是這一次不同，我們可是要去Hello Kitty樂園玩呢！因為要趕很早的飛機，一大早四點多我跟蘇菲叫Candice起床，小姑娘很乾脆地馬上就起床刷牙洗臉，把鼻瑪迷都還沒準備好呢！她小姐已經穿戴完畢，把自己的小背包跟她自己專屬的黃色卡通拉桿箱整理好，抱著小背包坐在客廳玄關等著把鼻瑪迷了。

一大清早不到五點趕到集合地點，已經到了好幾個跟Candice一樣興奮的小朋友跟她們的把拔瑪麻了，集合完畢，遊覽車載著我們這隊親子旅行團到桃園國際機場，一路上小朋友們在車上彼此嘰嘰喳喳地說話，到了機場，小朋友們跟其他更小的小小朋友們（有的小朋友家還跟了弟弟妹妹）更是止不住興奮地在機場大廳玩耍嬉戲。

我突然想到一個有趣的問題：每一回我出國出差，除了原本的保險外，到了機場，我一定會到機場的保險公司櫃檯再買一次最高額的旅行意外險，受益人寫的是蘇菲跟Candice，這一次一家子一起出國玩（之前Candice還太小），額外再買意外險反而顯得好像有些多餘，想來想去，這一次乾脆就寫爺爺、奶奶跟叔叔一家子好了。

到了日本九州的下榻飯店，已經是下午了，傍晚大家在男湯跟女湯洗完溫泉，晚上大家穿了飯店提供的日本和服在專屬的大型包廂榻榻米上吃懷石料理。這是我們家一家三口第一次穿日本和服，一家子妳看我、我看妳覺得好有趣，接著妳對著我、我對著妳邊九十度鞠躬，邊空泥激哇、空幫哇、啊李阿多、蘇咪媽線地喊。我們家Candice吃飯吃得慢，我跟蘇菲輪流慢慢餵她吃，只是Candice志不在吃東西，好不容易心不在焉地吃完，就迫不及待地跟其他小朋友們在偌大的榻榻米上跑來跑去跟爬來爬去地玩成一團了。

第二天，令人期待的Hello Kitty樂園之旅終於上場，對小朋友們來說，Hello Kitty樂園簡直是小朋友們的天堂，平常在電視上或各種各類的小文具跟小東西上，Hello Kitty這隻沒有嘴巴的小貓（相信很多人都不知道，在日本三立鷗公司的造型設計背景中，Hello Kitty其實是一隻來自英國倫敦的貓咪），早已深深擄獲許多大朋友跟小朋友的心（看到Hello Kitty，我看許多媽媽大女生們跟她們的小孩一樣的興奮）。

Candice尤其是Hello Kitty的粉絲，在台灣，每回帶著Candice到百貨公司的Hello Kitty專櫃，Candice總是會在林林總總的Hello Kitty商品中待好久，每次總是要跟把鼻我連懇帶求的耗個老半天，為的就是擋不住Hello Kitty可愛商品的魅力。

偏偏因為我本身工作的關係，我很清楚Hello Kitty商品的製造成本，還記得有一次Candice在Hello Kitty專櫃前希望把鼻送她一個印有Hello Kitty圖案的塑膠碗，我明知那個塑膠碗的製造成本一個不到新台幣十元，卻偏偏要價新台幣二百六十元，天哪！搶錢哪！我跟Candice苦口婆心的解釋了半天，跟小傢伙說家裡已經有好多的碗了（她扁扁嘴低著頭輕輕說可是把鼻我真的很想用Hello Kitty的碗吃飯耶！），最主要的，這個碗在工廠一個只要新台幣十塊錢耶！要老爸我花新台幣兩百六十塊來買它，哇～～～～～！真是太、太、太、太不甘願了！

Candice聽我這麼一說，突然停止了懇求，接著抬起頭用她那一雙清澈的大眼睛看著我，然後用一種平靜的語氣跟我說：「把鼻……，因為它是Hello Kitty呀！」

漂——亮！我長嘆一聲，心中深深佩服及尊敬這家日本企業品牌經營的成功，內心默默期待有朝一日自己經營的企業也能跟日本三立鷗看齊，既能為全世界的孩子們（包括大孩子、小孩子、還有許多童心未泯的大大孩子們）帶來歡樂，又能為自己的企業賺大錢。

回到Hello Kitty樂園，小朋友們除了在樂園裡的美麗花園中跟心目中的偶像Hello Kitty家族的每一個人偶照相外，在彩繪的攤子上，好多小朋友們還把可愛的Hello Kitty圖案請日本的大姐姐們畫在臉上。在Hello Kitty的劇場裡，更是擠滿了來自世界各地的小朋友，大家聚精會神地跟著Hello Kitty以及他勇敢的朋友們在童話的世界中盡情地冒險。

在坐摩天輪的時候，我們一家三口一起坐一個小車廂，在山坡上的摩天輪依著山勢，在最高點的時候，俯瞰整個樂園，感覺上就像是飛在雲端上看著一個可愛的童話世界。腳底下的Hello Kitty樂園裡充滿了一個個快樂小朋友的身影，工作人員那些年輕的大哥哥、大姐姐們陽光而親切，小朋友們跑跑跳跳、邊吃東西邊玩，而我們作家長的，則是跟前跟後的深怕一個不小心在人來人往的小人國（小朋友）世界中把自家小朋友給掉了。

可是樂園裡迷人的景緻跟遊樂設施實在很吸引人，所以開始有家長們要我幫忙看一下孩子，就這樣看著看著，沒有多久，我的身邊跟著我的小朋友就多了好幾個，沒辦法，興奮唄！Hello Kitty樂園嘛！

玩了一天，離開Hello Kitty樂園，導遊叔叔帶著大家到山頂坐纜車，到了山頂的車站，山間氣候驟變，大家還在車站裡熱烈討論著剛才的雲霄飛車、山間小火車跟小河主題隧道，沒想到窗外忽然霹靂啪拉一陣聲響，大家夥兒突然人聲嘈雜地擠到了窗邊，原來車站外的小小街道上竟然從天空降下來許多大顆大顆的冰雹，沒多久，又突然下起一陣驟雪，小小的山間小鎮轉眼間變成了一個白靄靄的銀色世界。

Candice跟別的小朋友一樣，小小年紀第一次看到雪，雖然衣著單薄，還是開開心心裹著老爸我的外套跑到雪地上開心地跑了一陣，老爹我怕女兒在雪地上摔跤，除了緊緊護著小Candice，沒多久就以大家要出發了把Candice騙上車，除了聽導遊說可能會有雷擊之外，最主要的，

在雪地中，小弟我可是只穿了一件薄薄的襯衫哩！

愛玩耍的小精靈

然後，若干年後，在跟女兒的對談當中，我才發現，在Candice的溫馨記憶裡，她印象最深刻的，或者說，對她影響最深的，不是父母當年為她買的許多新奇昂貴的玩具，或是設計精準的幼兒成長發育教材或樂高積木，而是我跟蘇菲在她小時候陪她玩的遊戲場景、遊戲的過程跟畫面、以及當時把鼻跟瑪迷陪著她玩的時候，一家人快樂的臉龐跟歡樂的笑聲。

上帝創造生物，沒有一個是打一出生吹口氣就變大人的。每一種生物自出生到長大，在成長的過程中，上帝往往用「寓教於樂」的方式，讓小生命們在遊戲中，自自然然地學習生存於大自然中的技能，小獅子、小老虎、小熊如此，小貓、小狗、小猴子也是如此，牠們在經由跟父母、兄弟、同儕之間的遊戲玩耍中，學習如何在成長的過程裡，獲得尋找食物、在族群中立足、與團隊分工合作，跟在大自然中保護自己的技能。

凡是小朋友都愛玩，小小孩最希望把拔瑪麻陪她玩，有些時候把拔瑪麻沒空或不能陪她們玩，她們也會自己一個人找玩具或有趣的東西玩，再大一些些，小朋友們就會開始希望有其他的小朋友能夠跟她一起玩（小朋友需要玩伴，並在與玩伴的遊戲跟互動過程中學習如何跟他人合作與分享，所以許多父母生第二胎其實是為了老大，而且因為有老大作為學習跟跟隨的榜樣，往往第二胎也好帶得多），如果再不行，小朋友們可能就會在大人的許可下，看電視或跟著電視裡的節目自己玩。

跟其他小朋友比起來，Candice從小依靠「電視保母」（讓小朋友成天看電視，以減少父母的負擔）的時間不多，但是若有適合Candice看的兒童節目，我跟蘇菲也會經常陪著她一起看。從早期的天線寶寶，到幼幼台跟著大哥哥大姐姐唱唱跳跳，或陪著Candice看迪士尼的經典卡通DVD。尤其是經典卡通，說實話，老爹我雖然身為一個「準歐基桑」，但從小也很愛看卡通的我（老爹我可也是看著「無敵鐵金剛」、「科學小飛俠」、「小英的故事」、「湯姆歷險記」、「鐵船長」長大的小孩），若有不錯的卡通影片，老爹我也會跟著小女兒一起聚精會神地看，看完往往還可以跟小朋友討論或解釋一番。

Candice從小就有表演天份，還在念幼稚園的她，有一陣子瘋狂迷上宮崎駿的「龍貓」，一看再看了N次不說，最後小姑娘可以邊看邊把客廳當舞台，模仿扮演卡通裡的主角小妹妹，小小年紀的Candice展現驚人的記憶力跟理解力，她可以從頭到尾把龍貓中小妹妹角色的台詞、聲音表情、表情、走位等幾乎一絲不差的在把鼻瑪迷的面前表演一遍。只見她依著電視裡「龍貓」卡通的背景音樂跟情節在家中客廳裡滿場飛，每次Candice的認真表演，都會贏得我跟蘇菲的熱烈掌聲。

講到玩，Candice還喜歡跟老爹我玩「把鼻列車」，這遊戲相信大概每一個小朋友都跟把拔們玩過，就是坐在把鼻的肩膀上，把把鼻的肩膀當火車，讓把鼻載著她從家中假裝的某一站上車，途經家中的幾個站，往往中間還會有一些劇情（像是Candice要到哪一站拿什麼東西，然後再運到哪一站，總之，Candice總會發揮想像力，自己安排好劇情），最後再回到當初上車的終點。在玩這個遊戲的時候，老爹我只要好好地扮演好「火車」的角色，然後照著編劇兼導演Candice的指示，專心地跟著劇本走位、發出火車的嘟嘟聲跟氣笛聲，或著像是「哎呀！」、「危險！」、「左邊左邊！」、「右邊右邊！」（Candice的左右概念，就是在遊戲中學習到的）、「小心啊！」、「加油喔！」一類的簡單台詞就可以了。

跟我比起來，蘇菲跟女兒玩的方式就比我「事半功倍」得多，同樣是跟Candice玩，蘇菲跟女兒玩的方式常常比較不花大人的體力。舉例來說，在Candice約一歲多的時候，蘇菲就常常跟Candice玩一種找東西的遊戲，就是先編一個故事（比如說，Candice要跟好多小朋友一起出去玩，可是小朋友都躲起來了，Candice要把小朋友都找出來喔！），然後把Candice裝得滿滿的玩具箱打開來，要Candice一個一個把瑪迷所說的東西（玩具）從玩具箱中（有時也會偷偷把一些要找的東西事先藏在家中的幾個角落）眾多的玩具中依順序找出來（當然，蘇菲在出題目的同時，蘇菲的聲音表情也要經過一些包裝）。

然後，妳就會發現，在玩的過程中，Candice會開開心心地在玩具箱中及在家裡到處跑來跑去地找東西，而蘇菲只要隨口編一些小橋段，就可以邊看書，邊窩在客廳的沙發中輕輕鬆鬆地陪著女兒Candice玩。

而蘇菲也好幾次嘲笑我，說我跟Candice玩要花腦筋，像她跟女兒玩都是女兒比她累，而我這個做老爸的每次跟女兒玩，用心歸用心，但是每次都是老爸比女兒累。

我跟蘇菲都很鼓勵Candice運用想像力來豐富她的遊戲，老爹我也很enjoy在遊戲中，牽著女兒的小手，陪著Candice一起乘著想像力的翅膀，遨遊在遊戲的世界裡。

我可以跟Candice一起用家裡的棉被跟枕頭一起築起一座遮風避雨的城堡，跟女兒一起窩在棉被所搭起的隧道中一同冒險。又或者，我也可以跟Candice一起把Candice的玩具朋友們集合起來，在Candice的房間裡共同規劃出一個屬於Candice的玩具王國或森林樂園。在這個玩具王國或森林樂園裡，有國王把鼻（有時是武士把鼻）跟Candice公主的冒險故事；或是探險家把鼻，碰到森林樂園裡的小天使Candice，然後小天使Candice開心地向探險家把鼻介紹森林中的小動物（是Candice

的眾多絨毛玩具或其他可以發揮想像力的小東西），並跟大家一起玩，一同探險。

然後，若干年後，在跟女兒的對談當中，我才發現，在Candice的溫馨記憶裡，她印象最深刻的，或者說，對她影響最深的，不是父母當年為她買的許多新奇昂貴的玩具，或是設計精準的幼兒成長發育教材或樂高積木，而是我跟蘇菲在她小時候陪她玩的遊戲場景、遊戲的過程跟畫面、以及當時把鼻跟瑪迷陪著她玩的時候，一家人快樂的臉龐跟歡樂的笑聲。

是不是？每一個做把拔瑪麻的都希望陪著自己的小朋友快樂的長大，但是誰能告訴我，或告訴我們的孩子，所謂的「陪著自己的小朋友快樂的長大」是什麼意思？是給她們很多的玩具？給她們上很多的才藝課程？給她們看很多的卡通？帶她們去很多的地方遊覽？還是給她們買很多的漂亮的衣服？

還是……

以上所說的每一種都是……

只要……

在這些遊戲或經歷的過程當中，還有小朋友們心中小小心靈的記憶裡，有她們把拔瑪麻陪著她們的身影，以及一家人歡樂的笑聲，跟快樂的笑容……。

告別幼稚園

我跟蘇菲也跟其他的瘋狂的家長一樣，每次一輪到Candice班表演，立刻拿著攝影機跟相機衝向舞台前，跟其他家長們你推我擠地佔據最佳的攝影角度，Candice的每一個鏡頭都絕不放過，往往小朋友都表演完了下場了，身為把鼻瑪迷的我們都還常常搞不清楚Candice剛剛表演的全貌。

Candice要戴著小方帽子從幼稚園畢業了！

這意味著，我們家Candice要離開學齡前小小孩的歲月，正式進入小學，成為小學生，變成更加成熟的「兒童」了。

Candice本身對於要離開幼稚園進入小學有一些排斥跟害怕，這情況好像很多的小朋友都會有，除了要離開熟悉的學習跟遊戲的環境之外，小朋友們還要面對人生第一次的跟同學還有老師們的離別，再加上對於小學生生活的不確定感跟不了解，都會對即將進入小學的小朋友們帶來一定程度的心理壓力。

舉例來說，小朋友在幼稚園的時候，每天的生活基本上是「在遊戲中有學習」，重點在遊戲；但是小學不同，小學生的生活基本上是「在學習中有遊戲」，重點卻是在學習。對於小小年紀的Candice來說，這是她小小人生中第一次比較重要的轉變，Candice面對這樣的未來，雖知道不可能避免跟改變（Candice心裡也知道，一個小朋友到了該畢業的時候，當然就要畢業，不可能永遠待在幼稚園做個「資深小小孩」，加上其他的小朋友都念小學去了，她一個人就算是賴在幼稚園也很尷尬跟沒意思），但一想到要上小學了，小姑娘還是嘟起小嘴老大不願意。

因此，我跟蘇菲基於此，就花了一些時間跟Candice心理建設，告訴小朋友，她已經長大了，雖然幼稚園的小朋友們會分離，但是還是可以常常聯絡再聚在一起玩，好朋友就是好朋友，不會因為幼稚園畢業就不見了的；而且除了幼稚園的老朋友，將來在小學也會再遇到更多未來的新朋友呀！雖然聽說小學裡有考試可能會比較辛苦，可是就是因為Candice長大了，不再是小小孩了，Candice要去學習跟體驗更多的新奇跟有趣的知識。Candice不是常常會羨慕小學裡的大哥哥、大姐姐們背著小學的書包上學很神氣嗎？現在Candice就要變成神氣的小學生了！應該很開心呀！對不對？

我們跟Candice說：「當初萱萱第一次進幼稚園的時候，是不是也很害怕，怕離開把鼻瑪迷，然後還會哭，說不要上學，要把鼻、瑪迷、奶奶不要走哇？」，Candice張著水汪汪的大眼睛點點頭，「後來咧？是不是發現其實幼稚園很好玩，萱萱也很喜歡學校裡的老師跟小朋友呢？」，Candice點點頭。「所以呀！把鼻瑪迷跟萱萱說，上小學以後，萱萱也會跟以前一樣的喜歡學校跟其他小朋友的同學的，萱萱相不相信把鼻瑪迷？」，Candice點點頭。「萱萱放心，不要害怕，把鼻瑪迷會一直在妳身邊陪妳的，好不好？」，Candice點點頭，小小心靈在經過一番理性的解說之後，最終選擇相信「明天會更好」。

有句俗話：搞定心情之後，再來就可以搞定事情。

我跟蘇菲，其實還有幾個Candice幼稚園同班同學的家長們，接著下來有兩件事要做，一件是陪著小朋友練習畢業典禮的表演，另外一件，是研究跟選擇小朋友除了學區的公立小學之外，是否還有其他的選擇（像是是否有其他口碑或資源更好的公立小學或私立小學）？

蘇菲很認真的跟其他小朋友的媽咪們聯繫跟討論，互相交換情報、心得跟想法，理論跟情報上的討論之外，還跟幾個媽咪們實際跟幾個學校校方聯繫並專程拜訪。說真的，有些學校校譽跟口碑都不錯，但是綜合評論起來，卻未必符合每一位家長的期待。

舉例來說，有一個私立小學在我家附近，離家近之外，在台北市也一直都是個知名的小學，但是走訪之後，發現校方給學生的課業壓力很大。這對我們家來說是缺點，因為我們不要給Candice過多的課業壓力（以我們對Candice的了解，有把鼻瑪迷的支持跟鼓勵，加上Candice自己個人特質上對自己的要求，其實對我跟蘇菲來說，這樣就已經足夠；當然在我的規劃裡，Candice的小舅舅在美國西雅圖的華盛頓大學任教，未來Candice的表現只要普通好，她的大學應該就是在華盛頓大學念了），對於過於標榜智育的教學理念，蘇菲更是難以認同，但是話說回來，每一位父母的價值觀不同，或許這樣的校風對某些父母來說，反而成了優點也說不定。

雖然每一位父母對學校校方的教育理念的認同度不同，但是這所學校最後卻沒有獲得任何蘇菲或其他幾位家長的青睞，原因是，這所學校是小學部跟初中部混雜在一起上課，意思就是說，當下課的時候，小小的操場上混雜著從小學一年級到初中三年級的學生，一想到這一點，幾位媽咪們就有些擔心，擔心剛剛上小學一年級的小女兒們年幼力微，萬一不幸碰到對異姓好奇，或者甚至只是純粹欺負弱小的大哥哥們（從小二到初三），那豈不危險？

由於這所學校大孩子跟小孩子跟小小孩子們的學習環境竟然不隔開，因此所有家長們最後皆不予考慮。

我們家就這樣仔細的對居家方圓幾公里的Candice可能選擇就讀的小學作了一番

調查，調查結果，發現最後總評分的首選卻是離家最近的國民小學（真是眾裡尋她千百度，驀然回首，那人卻在燈火闌珊處），而當初一起參與調查的家長跟小朋友們，基於各自評分的標準不同，有的小朋友後來成了Candice的同校同學（有一位還很有緣分的同了班，有老朋友在小學同班，別提Candice有多開心了），有的念了其他學區的國民小學（經過調查後我才曉得，原來臺北市竟然有雙語教育的國小），有的呢，則念了其他的私立小學。

在作小學市調的同時，我跟蘇菲還要陪著Candice練習幼稚園畢業典禮的節目：畢業生致答詞跟舞蹈。

幼稚園的每一個畢業生都要準備一份英文的畢業感言，Candice在學校就經由老師的協助，跟老師共同擬了一份草稿，回家後再由我跟蘇菲潤飾完成。至於舞蹈的部份，我跟蘇菲反而沒什麼要做的，因為除了在學校的練習之外，Candice在家好像也沒什麼練習，除了幾次我跟蘇菲要求先睹為快，拐個彎要求她練習的時候，小姑娘才勉為其難的跳給我們看。Candice從小有個優點，記性好、情緒穩定，在學校練習的時候認真練習，所以當把鼻瑪迷央求她跳給我們看的時候，她表情認真地從頭到尾跳給我們看一遍，真是既熟練又好看。

跟往常一樣，Candice這次的表演又是站在面對舞台第一排的中間，還要負責對小朋友們發號施令（就是表演的時候，小朋友除了跟著舞台下的老師跳之外，舞台上則可以跟著Candice保持動作跟節奏的標準，而Candice除了跳舞以外，還要在台上喊一、二、三、四跟指揮小朋友）。

不過說實在的，幼稚園校方每年除了畢業典禮之外，還會舉辦聖誕夜的主題之夜的表演，那真是小朋友家長們的瘋狂之夜，因為對每一個家長來說，看到自己家的小朋友在舞台上唱唱跳跳喊喊鬧鬧的表演，光是「可愛」這兩個字，就足以讓到場的把拔、瑪麻、爺爺、奶奶、阿公、阿嬤笑得合不攏嘴，跟拍手拍到雙手紅通通了。甚至連小班的小朋友在舞台上手足無措地大哭著要找把拔瑪麻的無辜可愛模樣，都會讓所有的家長們笑著愛到個不行。

那真是一個既混亂又歡樂的場合，只要主持人老師喊一聲「歡迎袋鼠班小朋友的表演」、「歡迎海豚班小朋友的表演」或「歡迎蝴蝶班的小朋友的表演」等等的時候，從無例外，每一個即將表演的小朋友班級的家長們，就會立刻轟然擠向舞台，人人拿起手上的相機跟攝影機猛拍，希望能將家裡小寶貝的可愛身影，盡數捕捉在鏡頭之中，作為爸爸媽媽以及小朋友們一輩子最真摯可愛的永恆回憶。

我跟蘇菲也跟其他的瘋狂的家長一樣，每次一輪到Candice班表演，立刻拿著攝影機跟相機衝向舞台前，跟其他家長們你推我擠地佔據最佳的攝影角度，Candice的每一個鏡頭都絕不放過，往往小朋友都表演完了下場了，身為把鼻瑪迷的我們都還常常搞不清楚Candice剛剛表演的全貌，只知道坐在觀眾席後面的爺爺、奶奶、阿公、阿嬤看得很開心，一直在說Candice跟其他的小朋友有多麼的可愛，表演有多麼的好看，舞台上哪一個小朋友搞不清楚狀況自顧自的亂跳一通有多麼的好笑，還有小班某個小朋友邊哭邊找媽媽有多麼的惹人疼等等。

至於小朋友們在Candice的帶隊下，是否跳得整齊劃一，動作節奏是否標準等等，其實啊！早就都無關緊要了！

第四篇

爸媽甜蜜寶貝的回憶

女兒不見了

我終於看到了女兒！我把Candice緊緊抱在懷裡，感謝上帝只是烏龍的小小跟我跟蘇菲開了個玩笑！Candice說她想回家，我讓Candice第一時間打電話給蘇菲之後，二話不說立刻就把女兒給帶回家。真的，我這輩子長這麼大，第一次了解跟體會一件事，就是什麼叫做嚇得魂飛魄散！

Candice上小學了！

上學第一天，Candice穿著不太合身，略顯偏大的小學校服（裙子腰圍太寬，還得要用黑夾子夾起來），背著書包，牽著把鼻瑪迷的手，怯生生的跟著把鼻瑪迷去上學。

對於上小學這件事，Candice還是有一些緊張，我跟蘇菲輪流跟她說話，告訴她今天起她就是個小學生了！Candice不用怕，有把鼻瑪迷陪著呢！

一年十三班，嗯！我家小朋友讀的是一年十三班，我們帶著Candice順著學校的指示牌，邊問邊找到了Candice的教室。還記得上次我離開念了六年的小學，都已經是將近三十年前的往事了（唉！年過四十，小弟我真的是已經步入中年，成為一個「準歐基桑」了，感慨萬千啊！有人說，養小孩是催父母老的，真的耶！），雖然Candice念的小學不是我當年念的母校，但是相似的校園景色、相似的孩童奔跑笑鬧的身影、一樣的朝會，還有，太久太久不見的升旗典禮跟唱國歌。我好似進入時光隧道，重回當年無憂無慮的小學歲月，跟著其他年級的小朋友們一起立正注視著國旗冉冉升上天空，一邊大聲的唱著國歌，一邊則感慨著連我們家的乖女兒Candice都要念小學了！

Candice上學的第一天，其實只是小朋友跟家長們彼此互相認識，還有跟未來要一起上課的相關的老師們見面跟自我介紹，在班級導師邱老師交代了一些必須注意的事項之後，Candice小學生涯的第一天，就這麼輕輕鬆鬆、雲淡風清的放學了。

Candice很快的就適應跟融入小學的生活，也交了幾個新朋友跟好朋友，幼稚園起就是Candice好朋友的小女生更是成了我們家Candice的姊妹淘。學校離家很近，所以每天早上，我常常在Candice準備妥當之後，牽著Candice的小手走路去上學，不過我家Candice有一個小毛病，坦白說是大人的問題，就是年紀小小的Candice，對於地理位置跟方向感好像不太敏銳，因為她從小就從沒離開過家中大人的視線，意思也就是說，Candice從小無論到哪裡都不用認路，悶著頭跟著大人走就是了。

這對剛開始進入小學的Candice造成了一些不便，因為對一個剛剛從幼稚園畢業的小朋友來說，小學的校園真的很大，東西南北就不用說了，開學沒幾天，有些時候沒有大人帶領的小朋友，有時甚至連教室都會找不到。

我跟蘇菲因為白天都要上班，所以中午放學的時候，都拜託一位同學的媽媽幫忙帶Candice一起去安親班，等安親班下課的時候，再去接Candice。

直到有一天……

在Candice開學約一個禮拜的某一天的中午過後沒多久，我接到蘇菲打來的電話，電話的那一頭，蘇菲聲音略顯緊張的跟我說：

「親愛的，小朋友不見了……」。

我一聽先告訴自己要冷靜，心裡想著：不會吧?!我也會碰上這種事?!

蘇菲說，Candice跟同學的媽媽約好放學後在學校的某一個校門口見，同學的媽媽遲到了幾分鐘，等到到了約好的地方時，卻找來找去怎麼都找不到小Candice了。

我跟蘇菲說，don't worry，我立刻到學校看看，小朋友不見這件事眼前還不能跟爺爺、奶奶、阿公、阿嬤說，那會嚇壞老人家的。可是說歸這麼說，我自己內心深處，說實在，我這輩子長這麼大，從沒這麼深深地擔憂跟恐懼過。

在趕往學校的計程車上，我在心中已經有了一些盤算：首先，希望這一切只是一場誤會，等一下到了學校，說不定Candice已經跟著同學的媽媽在校門口等我了

（同學的媽媽緊張的跟我約在校門口見）。

若狀況一沒有發生，Plan B，我第一時間要跟學校聯繫，要學校給我一個說法，起碼要有一些行動方案，最差在學校裡幫忙找都好，也許在這個階段就會有一些線索也說不定。

Plan C，若在以上狀況下都沒有找到女兒，那事情就大條了！除了報警，我跟蘇菲其實還有一個最後的方法，就是我們是媒體出身以及對媒體的運作非常熟悉，新聞圈的人脈也很充沛，這也是我內心對這件事情不會感覺到不知所措的重要的原因。也就是說，若Candice繼續沒有消息，我們就會央請新聞圈及電視新聞台的諸同事及好友們發動舖天蓋地的新聞發佈，因為就在沒有多久以前，有一個小女孩在麥當勞被歹徒抱走，也是因為電視新聞的強力放送，造成歹徒的巨大心理壓力，最後終於在承受不住壓力的情況下在街頭放下小孩。

透過新聞還有一個作用，就是壓迫警方不能等閑視之。

最後，我做了一個最壞的心理準備：再過來，就只剩被動地等某個陌生人跟我說一個數字的電話！

計程車很快就到了Candice的校門口，Candice同學的媽媽神色緊張地迎面朝我走來，我心裡想：狀況一果然沒有發生！

我站在校門口望著校內跟校外搜尋好幾遍，從Candice出生一直到今天，我第一次恐懼地問自己：黃正一，女兒呢？她在哪裡？

我直接走進學校的老師辦公室，裡頭零零星星的還坐了幾位老師，我告訴她們，我女兒是學校一年級的新生，但是現在不見了！

老師們幫我電話問了導師跟其他幾位老師，果然有斬獲，有一位老師說，她看到Candice一個人站在學校側門，後來有一位歐巴桑把她帶走了，老師說，那位歐巴桑說跟Candice認識，還說她不是壞人，並把電話留給了老師。

我心裡想，僅憑一個歐巴桑片面之詞就讓她帶走Candice？萬一連電話號碼都是掰的怎麼辦？我把我的不滿告訴老師，老師才驚覺事態可能的嚴重性，我拿起電話打給那位歐巴桑，果然有人接，她說她是Candice同學家的幫傭，在接Candice的同學的時候，看見Candice一個人站在校門口，想說可以幫忙帶一下Candice，就順便把Candice帶到同學家。

這位歐巴桑我跟蘇菲完全不認識，我的心情還是沒有放鬆，我直接了當的問：「妳們在哪裡？我過來接小孩。」她告訴了我一個地址，我順著地址在台北街頭的某一個毫不起眼的巷子中找到了Candice的同學家。

當我到達Candice同學家公寓的一樓時，環顧四週，我心中再度升起一股莫名的恐懼：幸好今天應該算是喜劇收場，否則，若歹徒真的把Candice藏在這裡，說真的，就算我在這棟公寓外頭找一輩子，我也可能永遠找不到我跟蘇菲的心肝寶貝女兒！

我終於看到了女兒！我把Candice緊緊抱在懷裡，感謝上帝只是烏龍的小小跟我跟蘇菲開了個玩笑！Candice說她想回家，我讓Candice第一時間打電話給蘇菲之後，二話不說立刻就把女兒給帶回家。真的，我這輩子長這麼大，第一次了解跟體會一件事，就是什麼叫做嚇得魂飛魄散！

而在Candice回家後的當天晚上，我牽著Candice的小手到通訊行買了一支手機給Candice，因為在茫茫人海中，完全不知道自己小孩身在何處的感覺，真是太恐怖了！

小孩在從小到大的成長的過程裡，做父母的，真的要擔太多的心，有一個新聞讓我印象極為深刻，話說有一天有人告訴資深藝人白冰冰，說她夢到白曉燕托夢告訴她，說她在陰間會冷。白冰冰聽到之後，心疼得立刻燒了好幾件衣服給心愛的女兒。

聽到這些真是讓人為之鼻酸，也有深深的感慨。我相信這世界上每一個做父母的都同意，若換做是我們，我們也都會跟白冰冰有一樣的反應，做跟她一樣的事情。

這就是天下父母心！白冰冰說得好，做父母的牽掛，不是牽掛到兒女死掉為止，而是牽掛到自己死了為止。因為只有一直到自己撒手人寰，永遠歸於塵土之後，做父母的對子女的疼愛跟擔憂，才有可能真正的停止。

事隔約一年，我在無意間跟Candice的奶奶說出Candice不見了這件往事，即使事情相隔了將近一年的時間，Candice的奶奶還是當場臉色發白，嚇出一身冷汗，還指責我怎麼帶孩子這麼不小心?!

不經一事，不長一智。經歷了Candice不見了的事件之後，我跟蘇菲才了解到，生活中無論大人們再怎麼的小心，突發事件還是隨時有可能發生。此時除了大人們平時的規劃跟注意之外，對小朋友面對狀況時的教育也很重要，畢竟面對狀況的來臨時，若能在平時訓練小朋友預防跟避免狀況的發生當然最好，否則，就算是在等待大人的救援跟幫助的時候，能有心理準備的面對，都比毫無概念因應的慌亂要強得多。

是不是？突發狀況當然永遠不發生最好，一但發生了，就像俗話所說的：平時有儲蓄，臨時不用急；不恃敵之不來，恃吾有以待之。呵護跟保護我們家天真無辜的小朋友的平安跟安全，真是全天下我們這些做把拔瑪麻們的最重要的任務跟職責。

是吧?!願上天保佑我們大家的小朋友們都平安。

星爸的一天

我心裡想，我最親愛的乖女兒，把鼻猜妳現在在夢裡，應該是跟把鼻還有海鷗、小貝殼和風車巨人在海天一色的白色沙灘上，以及碧綠草原的田野間，隨著貝殼裡傳來的大海呼喚的海浪聲，乘著海鷗捎來的風中的翅膀，在飛越過海濱小屋跟三三兩兩的漁船之後，在夕陽下、在晨曦裡，圈著雙手，對著天空大聲地說：

把鼻、瑪迷我愛妳！

我們家Candice要拍廣告了耶！

其實在我家，我跟蘇菲都當過電視節目製作人（我們兩個加起來，可是入圍過五次金鐘獎的喔！），蘇菲本身還當過新聞節目的主持人，面對鏡頭，我們其實都並不陌生，這一次公益廣告的拍攝，對Candice來說，也並不是第一次面對鏡頭，之前Candice就曾出現在她瑪迷的節目片頭裡（可是用拍電影的三十五釐米鏡頭拍的喔！），當時導演對於Candice面對鏡頭時的入戲、自然以及上相留下深刻的印象。但是蘇菲並不贊成Candice成為童星，一來一向處世低調的蘇菲不希望Candice小小年紀就成為公眾人物，影響Candice單純及快樂的童年；二來也不希望因此讓小Candice失去隱私，以及，最重要的，失去一個普通小孩的正常的價值觀。這一次主要是因為是拍蘇菲公司的公益廣告，加上我們把這一次的拍攝當作是趁著假日帶著Candice跟一群大哥哥、大姐姐們（導演及影片拍攝小組）一起到戶外玩一天，而且，對我來說，在不影響Candice正常生活作息的情況下，能得到更多Candice可愛影像的畫面，都是小弟我歡迎的。

今天要到北海岸的台電風力發電廠廠區出外景，今天天氣很好，台灣北海岸的海邊風和日麗、陽光明媚，在蔚藍的晴空裡，三五成群的海鷗傍著微微的海風，在金黃色的陽光照耀下，好似一隻隻散發著亮麗金光的小天使們，在湛藍的海浪上嘻嘻哈哈地嬉鬧著；台電的好幾座巨型的大風車，矗立在晴天、碧海、以及翠綠的山巒間，緩緩轉動它們猶如巨人手臂的風車葉片，好似在對著大家揮手，告訴大家，歡迎來到這個海邊的山野小徑、綠樹涼亭；明媚的田野景緻，讓我牽著Candice的小手，陪著Candice追著花間的蝴蝶，一起跟小蜻蜓在草叢中玩捉迷藏，一起快樂地在山間小路奔跑。

鬧了快一個多小時，攝影組的大哥哥、大姐姐們終於把相關器材跟前置作業完成，女主角Candice就定位，今天的鏡頭很簡單，先取遠眺的海濱及大風車的景色畫面，收大自然的背景音，然後讓Candice坐在海濱涼亭的一角，先抬頭若有所思地遠遠地凝視著緩緩轉動的大風車，然後慢慢低下頭，用手指撥弄手上紙紮的小風車，最後鏡頭向下帶到廣告劇中Candice用繃帶包紮的腿。

整個劇情看似簡單，但是因為是在好山、好水、好天氣的風景區拍攝，現場的狀況可就多了。首先，當天遊人如織，隨著時間的過去，拍攝現場的海濱涼亭逐漸聚集越來越多的遊客，大家看到有人在拍廣告，人群慢慢圍攏過來，加上雖有克制，但是漸漸掩飾不住的嘈雜的人聲，於是，導演怎麼拍都不滿意，鏡頭怎麼拍都會穿幫，收音怎麼收都會不漂亮，最麻煩的是，不斷NG的結果，隨著時間逐漸接近中午，越演越烈的陽光，終於讓我們好脾氣的女主角Candice小姐失去了耐心，趁著休息的時間跟老爹我跟導演叔叔說：「我不要拍了！」。

大家都知道，拍戲的時候，有兩種狀況的戲最難拍，一種是動物、一種是小孩。在今天拍廣告的過程中，每次一有空檔，我就會到Candice的身邊幫小女兒擦擦汗，陪她說說話，陪Candice喝點清涼的飲料，轉移Candice的注意力，安撫一下小朋友逐漸不耐的情緒。Candice每每會要求我站在她眼睛餘光看得到把鼻的地方，以便在陌生的鏡頭，以及週遭嘰嘰喳喳的人群異樣的眼光中得到安全感。說實在，今天的天氣實在太好（因為日照充足，拍攝的畫面畫質才會漂亮），也因為如此，看到Candice因為熱跟流汗（還好是在涼亭拍，小女兒沒有直接曬一天的太陽）而變得紅通通的臉蛋，還有因為紫外線比較強烈刺眼，拍到最後Candice都要瞇著眼睛看遠遠山間的大風車，真的，不要說Candice會不耐煩地不想拍了，連老爹我跟導演，以及劇組人員都覺得辛苦跟心疼。

經過安撫之後，時間一直拖到下午，終於導演叔叔喊了一聲：「收工！」，大家一陣歡呼，如釋重負，看看監視器鏡頭裡的拍攝畫面，嗯！蠻不錯的！Candice知道沒她的事了，開開心心跟著大家回台北。

途經海邊沙灘，看到有小販在賣貝殼，我跟Candice說，把海螺或貝殼放在耳邊仔細聽，可以聽見海浪的聲音喔！Candice隨手拿起一個貝殼放在耳邊：把鼻真的耶！

玩玩鬧鬧兼廣告拍攝工作弄了一天，在返回台北的車上，小Candice累得把頭枕在我的大腿上睡著了，我輕輕脫下外套蓋在女兒的身上，一邊撫著她還沾著汗的頭髮，一邊看著她安祥熟睡的紅通通的小臉蛋，Candice的嘴邊漾著淺淺的笑，手裡還抓著剛才在海邊我買給她的兩個漂亮的小貝殼。我心裡想，我最親愛的乖女兒，把鼻猜妳現在在夢裡，應該是跟把鼻還有海鷗、小貝殼和風車巨人在海天一色的白色沙灘上，以及碧綠草原的田野間，隨著貝殼裡傳來的大海呼喚的海浪聲，乘著海鷗捎來的風中的翅膀，在飛越過海濱小屋跟三三兩兩的漁船之後，在夕陽下、在晨曦裡，圈著雙手，對著天空大聲地說：

把鼻、瑪迷我愛妳！

把鼻我不要看牙醫

瓊瑤小說裡描寫女主角常常用這樣的形容詞：明眸皓齒、翦水雙瞳。

但是瓊瑤小說裡的女主角長得再漂亮、氣質再出眾，當她長到七歲左右的時候，也是要換牙的呀！缺了兩顆門牙的美麗女主角……，嗯，就是講話有一點漏風而已，但是當沒有張開嘴的時候，氣質還是一樣出眾哇！

瓊瑤小說裡描寫女主角常常用這樣的形容詞：明眸皓齒、翦水雙瞳。但是瓊瑤小說裡的女主角長得再漂亮、氣質再出眾，當她長到七歲左右的時候，也是要換牙的呀！缺了兩顆門牙的美麗女主角……，嗯，就是講話有一點漏風而已，但是當沒有張開嘴的時候，氣質還是一樣出眾哇！

這是我安慰Candice在她七歲換牙時候的其中的一個安慰詞（雖然效果好像不太好），從小愛漂亮的Candice，對於一直以來大家稱讚的一口整齊的牙齒（這又要歸功於Candice的媽咪蘇菲，蘇菲從Candice長出第一顆牙齒開始，就一直很注意我們家Candice的牙齒的保養跟健康），突然間開始換牙，導致張開嘴的時候嘴巴裡露出一個難看的黑洞，小妮子心中一直耿耿於懷。雖然Candice實際上並沒有碰到兩顆門牙同時沒有的窘境，但是每次老爸我要Candice張開嘴讓我檢查的時候，小朋友總是推三阻四的不肯好好配合。

一提到牙齒的問題，Candice因為怕痛，膽子又小，從小就怕上醫院、怕打針，尤其最怕牙科診所裡的會傳出高頻率滋滋滋聲音的可怕的鑽牙器。Candice從小每次看牙醫，幾乎都是被把鼻瑪迷連哄帶騙外帶拎著去牙科診所看醫生。但是其實因為蘇菲從Candice小的時候起就很注意Candice牙齒的保健，因此在Candice看牙醫的經驗裡，多半都還是屬於例行性的檢查，對小Candice來說，在多數的時候，跟著把鼻瑪迷到牙科看醫生，多半還是有驚無險的度過。

但是無論多麼的注意，小朋友們多多少少還是會有蛀牙的時候。Candice一但碰到躲不過要做牙齒治療的情況時，幾乎每一次都是帶著絕望的心情望著牙科診所裡可怕的醫療設備，然後淚眼汪汪地望著把鼻瑪迷，語氣極盡委屈地輕聲地訴說著我不要看牙醫，不要滋滋滋（指鑽牙器），然後做把鼻瑪迷的我們雖然心裡很捨不得小女兒面對牙齒治療的恐懼，但是還是要好言相勸，告訴她，把鼻瑪迷就在身邊陪著她，Candice不要害怕。

然後，終於輪到Candice，牙醫叔叔或阿姨親切地叫著Candice的名字，然後神情愉悅地開始戴起醫療手套，看著牙科的醫療座椅，Candice知道再也躲不過，嘩的一聲開始哭，極害怕的慢慢爬上醫療座椅，躺下，然後左手緊緊的牽著把鼻的手（不是普通的緊），右手緊緊的牽著瑪迷的手，小姑娘很堅強的收起哭，乖乖地張開小嘴巴，當聽到滋滋滋的聲音終於在耳邊響起，小Candice用力地緊閉雙眼，嘴裡輕輕喊聲把鼻瑪迷我害怕，接著兩道淚水順著她那一雙原本水汪汪的大眼睛撲簌簌地流下……

唉！每次碰到這種情況，我跟蘇菲看在眼裡，一方面覺得有一點好笑，一方面又心疼地差一點要跟著小女兒一起哭。

很多人在自己家小朋友換牙的時候，都會順手把小朋友的舊乳牙丟掉。我家不是，我跟蘇菲找來了一個牙齒模型盒子，專門存放Candice從小到大逐漸脫落的舊乳牙。就跟我們保存了Candice當初出生的時候的一小段臍帶一樣（加工存放在一個壓克力做成的印章中），我們把Candice從出生到長大的許多成長過程的一些點點滴滴，都細心地保存下來，一來作為Candice長大以後的一個甜蜜的回憶（也說不定當有那麼一天，當我跟蘇菲把寶貝女兒交付給Candice真心所屬的另一半的時候，這些都將會成為一份最有價值的一份珍貴、甜蜜、無價的托付跟紀念品）。

當然，另外一種可能，就是這些細細留存下來的珍貴回憶，也說不定有那麼一天，就像趙詠華「最浪漫的事」裡頭所唱的一樣，當有這麼一天，我跟蘇菲都老得哪兒也去不了的時候，我們還可以互相的執子之手，在「You are so beautiful to me」

的輕柔歌聲中，一同安祥地回憶著我們的寶貝小女兒Candice小時候的可愛，及我們兩人從年輕到老的一切一切的甜蜜的點點滴滴……

志工把拔

每一個小朋友都是爸爸媽媽的心肝寶貝，又希望給她們最多的知識的養分，讓牠們長大能成為社會的中間、國家的人才；又希望她們能開開心心地玩耍、無憂無慮、快快樂樂地長大；也希望她們能平平安安的成人、以後有個好歸宿、有一個心有所屬、情有所依、平安喜樂的人生；更希望她們一輩子都能像關心跟愛她們的爸爸媽媽一樣的關心跟愛著自己的爸爸媽媽。

有一種狀況在我家每隔一陣子就會發生一次，就是有些時候，我們家媽咪蘇菲基於某種的理想或熱情，也有些時候是基於某種對朋友的義氣，會對外答應一些兩肋插刀、義薄雲天的事。可是熱情歸熱情，答應歸答應，當事後發現自己並不是always都有空去做的時候怎麼辦？這時，為了讓事情有一個比較順暢及圓滿的發展，結果小弟我常常就會變成救火隊，跟著媽咪蘇菲一起撩下去，兩肋插刀、義薄雲天。

就這樣，Candice老爹我莫名其妙的跟著蘇菲每星期一一早，在早自習時間到小朋友班上，成了小朋友學校教「論語」的志工把拔跟志工瑪麻。

其實小弟我教書或演講的經驗頗豐富，尤其講到國文，小弟不是蓋的，從小學到大學，只要是國文成績，我是永遠的班上第一名。加上近年來台灣年輕人國文程度的低下及對中文的疏離，到Candice學校教小朋友「論語」，對我來說，還真是既有趣又帶著一點點使命感。

為了準備到Candice班上教論語，尤其為了讓我家的小公主Candice不會覺得她把鼻教大家唸書教得很爛很丟臉，老爹我可是戰戰兢兢得很，除了每星期先想這一周要教哪一段之外，如何設計在遊戲中融入教學，好讓注意力很不容易集中的小朋友能專心配合你上課，同時還要記住及了解我所教的內容，最後為了提高學習跟成就動機，老爹我事先還得要想盡辦法去弄一些小朋友們喜歡的小獎品（像是7-11積點兌換的多啦耶夢小贈品啦，或是Hello Kitty公仔啦什麼的），以便在有獎徵答的時候，增加自己教學的一些熱情的迴響。

我意外地發現，現在的小朋友跟我們小時候真的差很多，現在的小朋友很勇於表達自己，即使表現出來的是自己的無知也無所謂。但是也許也正因為如此，現在的小朋友形諸於外的，是看起來比當年的我們有創意跟熱情。相對來說，當年的我們（我指的是所謂的四、五、六年級）就顯得比較閉塞及沒有自信，也比較害羞，我想，隨著時代的演進，一個更有自信及處世有著積極態度的下一代，在這個更加注重溝通及合作的年代裡，也許更加值得大人們的鼓勵。

我把小朋友分組用比賽的方式來學習老祖先孔子的智慧，小朋友們記憶力驚人，往往一段的論語，小朋友們念幾遍就可以背起來（難怪古時候的小小孩可以小小年紀就記得住唐詩、宋詞、三字經、百家姓等），但是要他們在有限的中文理解程度上，了解並深深記在腦海裡，那工程可就大了！而對於這一點，其實我也沒有給自己很大的心理壓力，就是在遊戲中學習而已！反而是有一次在事過將近一年之後我再度問小朋友一個論語裡的句子：「友直、友諒、友多聞」時，小朋友們居然都還能記得並正確解釋，反而把我嚇一跳，心中也多了一份得意的成就感。

現在小學校園裡的氛圍真的跟我們當年差了好多，身為一個小朋友的家長，我感受跟過去最大的差別在於，現在的孩子不會像我們以前一樣生活在名次的陰影裡，Candice平時的成績「應該」是很好的，為什麼說是「應該」呢？因為現在的小學校園早已不再排名次了（平時在月考之後，小朋友們只知道自己的成績，不會知道其他小朋友的）！跟我們過去比起來，現在的小學校園裡更加重視孩子五育（德、智、體、群、美）的均衡發展，不再如過去填鴨式教育思想下只重視智育的成績。換句話說，除了Candice有幾次考試滿分，讓我不用想也知道她考全班最高分，否則的話，就讓小朋友自己跟自己比，自己督促自己進步，其實真的也蠻好的！

也因此，小朋友們在學校裡的成就感除了智育的學習與考試，還包括了其他領域的表現，像Candice校園裡流行的下課遊戲，不像我們當年小學裡流行的跳繩或跳房子，竟然是校園單槓上的體操動作，看著我們家Candice小小身影，竟也可以跟其他小朋友一樣在學校單槓上連續前翻轉跟後翻轉十幾圈而動作乾淨俐落，面不改色，做老爹的我除了目瞪口呆、嘆為觀止之外，一方面欽佩我們家女兒的好身手，一方面也為可能的危險擔心不已（唉！搞了半天，即使我們做把拔瑪麻的在孩子身邊多麼小心地呵護跟保護著她們的安全，但是在校園裡，在父母的視線之外，在孩子們的自己的團體中，究竟隨時可能會碰到什麼樣的危險，小朋友之間在遊戲時會碰到什麼樣的擦撞等，做爸爸媽媽跟學校校方的真的是很難加以全盤預防）。

曾經在報紙副刊上看到一篇文章，作者說她身為一個母親，自認人生最大的成就跟幸運，是自己的小孩平平安安、無傷無疤的長大。

真的耶！我彷彿又回到蘇菲還在懷著Candice的時候，心中只希望小女兒Candice能健健康康、正正常常地出生一樣，在心裡虔誠的向上帝禱告，希望我們家Candice能夠在學校遠離危險（尤其是一些不懂事又調皮的小男生，Candice曾跟我說有一次在學校溜滑梯，後面一個男生冷不防撞了她一下，也許是故意，也許不是故意，害Candice摔了一跤撞到頭，頭腫了一個好大的包，頭痛了很久，但是回家卻又不敢說，害我聽了之後嚇出一身冷汗）、無傷無痛、平平安安的長大。

每一個小朋友都是爸爸媽媽的心肝寶貝，又希望給她們最多的知識的養分，讓牠們長大能成為社會的中間、國家的人才；又希望她們能開開心心地玩耍、無憂無慮、快快樂樂地長大；也希望她們能平平安安的成人、以後有個好歸宿、有一個心有所屬、情有所依、平安喜樂的人生；更希望她們一輩子都能像關心跟愛她們的爸爸媽媽一樣的關心跟愛著自己的爸爸媽媽。

相信每一個做父母的都有以上的希望，真的！做父母的對自己家的小孩真的是有太多的希望跟期待了！為了希望有一天能實現這些期待，有太多的父母一輩子不知道擔了多少的心……

有一個電視廣告在闡述了許多女人的心事跟心願之後，廣告旁白最後留下的是一句：

唉！女人啊！

同樣的，身為孩子們的父母，在為小朋友們從小到大擔了無數的心，以及為她們在心中留下太多的期望之後，我們是否是也會如此的自嘲呢……？

是不是？

唉！真是天下父母心！

小倉鼠球球

在此之前，在我們家，Candice一直扮演的是一個被照顧的角色，因為球球的到來，從此讓Candice也開始嘗試著去學習如何去照顧別人、嘗試著因為照顧別人而在生活上有著些許的犧牲，嘗試著因為付出，而體驗到施比受更有福的快樂！

Candice想養一隻小動物已經很久了，從她還很小很小還在念幼幼班的時候開始。雖然家裡屬於她的大大小小的絨毛娃娃不下三十幾隻，但是在Candice的內心深處，還是一直渴望著能養一隻小動物，一隻她能把牠當作底迪或美眉的小可愛，一隻Candice可以把牠抱在懷裡疼愛的小生命，一隻當Candice跟牠說話的時候，可以對著Candice搖尾巴，或睜著一雙無斜的大眼睛望著Candice，舔舔Candice，或甚至只是用牠的小鼻子聞著Candice的小手，以作為貼心地回應的小東西。

一直以來，Candice都很希望能養一隻小狗，Candice牽著老爹我的手，在家附近的寵物店，跟老爸我不知已經「預定」了多少隻可愛到不行的小狗狗，牠們隔著寵物店櫥窗的玻璃對著Candice用力搖著小小的尾巴，大聲地對著Candice叫著：「姐姐我喜歡妳！」，牠們邊對著Candice撒嬌，邊跳來跳去的轉圈圈吸引Candice的注意，每一次小Candice都趴在寵物店櫥窗的玻璃上捨不得離去，因為Candice總覺得：難道就是這一隻小狗狗了嗎？然後苦苦央求著把鼻。

但是因為Candice跟時下許多的小朋友一樣有過敏體質，加上蘇菲一直認為若不能提供給小狗一個夠寬闊的跑跳的生活空間（猶如她台東鄉下的老家）的話，養小狗無異虐待小狗狗，因此遲遲沒有答應。

直到有一天，Candice突然想到，那其實養一隻小老鼠也不錯，因為書上的黃金鼠啦什麼的也好可愛，蘇菲說，若要養小寵物，就要以一種負責的態度來養喔！Candice若能先研究跟了解小老鼠，知道養小老鼠的相關的背景知識，做好養小老鼠的心理準備，那麼把鼻瑪迷就可以考慮答應讓Candice養養看。

有瑪迷這樣的承諾，小姑娘Candice當然很開心啦！她很積極地運作著完成媽咪蘇菲的要求，怎麼運作呢？當然還不就是央著老爸我陪著她做功課啦！

Candice在老爹的陪伴下，上網查黃金鼠的資料，知道該如何飼養黃金鼠，以及黃金鼠的習性等，最後在老爹的協助下，還做了一份報告給瑪迷，讓瑪迷知道，她真的很認真地研究過黃金鼠，也熱烈地告訴瑪迷跟把鼻，她有多麼的想養一隻小動物。

Candice終於擁有了人生第一隻的小寵物：一隻小倉鼠。這隻小倉鼠才兩個月大，Candice跟著把鼻拎著裝著小倉鼠的小籠子快樂地走著，都還沒回到家呢！小姑娘已經開心地迫不及待地在路邊的行人休息椅子上把可愛的小倉鼠抓出籠子細細端詳著玩了起來。

小倉鼠灰色的身子裡鑲著幾條粗粗細細的黑色條紋，胖嘟嘟的身體拱著一雙烏溜溜的大眼睛東張西望，當牠跟姐姐Candice四目相望的時候，可愛的小倉鼠抬起頭用牠那小小迷你的鼻子在Candice的手上、臉上一直聞呀聞，好像想要儘快的熟悉姐姐的氣味；牠那雙小小的耳朵豎起來東探探西探探，好像想要趕快記住姐姐的聲音；牠那肥胖胖的身軀裹著一小坨小尾巴，配上短短的活潑的四隻小腳丫，跑起來超像一輛超低底盤的跑車（就是胖到跑起來肚子貼著地），超可愛的模樣，難怪姐姐Candice在寵物店一眼就看上牠。

因為小倉鼠胖胖圓嘟嘟的身材，我們父女兩商量之後，決定叫牠：**球球**。

跟小狗狗比起來，小球球的確好養多了：專屬的飼料、專屬的籠子跟飼養設施，專屬的澡盆跟浴沙（小倉鼠不能用水洗澡，怕著涼容易死亡），頂多再加上專屬的球球最愛的葵花子。當一切相關的東西都妥當之後，剩下的，就剩保持小球球環境的清潔，以及陪牠玩了。

因為球球太胖（而且越養越胖），姐姐Candice幫球球準備了一個健身器材——

「運動健身球」。大家看過美國太空總署NASA訓練太空人時，會把受訓的太空人（其實一般飛行員在訓練的時候，也會有類似的裝置）放進一個可以三百六十度旋轉的大球體嗎？這個為球球準備的小球的大小剛好可以放得下球球胖胖的身體，並還剩下一些球球可以伸展肢體的空間，於是每天固定二十分鐘，球球會被放進這個運動健身球中，然後牠就會在家裡的地板上，就像是在跑步的旋轉盤上拼命地往前跑，一方面運動健身，一方面也在家中到處探險。只是球球常常跑太快，往往碰到阻礙物的時候臨時煞不住車，在運動健身球裡「碰」的一聲摔得翻了個跟斗。雖說如此，我看胖球球依然樂此不疲，而牠奮力運動的可愛模樣，加上一個小球會自動的在家裡跑來跑去的景象，也往往逗得家裡每一個人笑彎了腰。

為了以防有一天球球生病臨時要看醫生，有一天假日我帶著Candice到家附近尋訪週遭的獸醫院，因為並不是每一家獸醫院都會幫小老鼠看病。我們後來找到了一家離家近又能夠為小老鼠看病的獸醫院，在跟獸醫聊了一會兒天之後，我們發現，當初買球球花了新台幣八十元（真是蠻便宜的！），可是帶著球球走進獸醫院看醫生，代價卻是新台幣五百元起！小Candice聽到這樣的差別，小嘴巴張得好大！我問

Candice：「有一天球球要是生病了的話該怎麼辦呢？」，小Candice想也不想跟我說：「當然要看醫生呀！」，我故意問她：「可是球球看一次病要五百塊耶！看一次病的錢，都可以買六隻球球了，而且還有剩耶！」。

我們父女彼此都很了解對方，Candice歪著頭想了兩秒鐘，很有信心的跟我說：「把鼻，世界上只有一隻球球，一隻我們的球球，牠是底迪呀！」

漂亮！

是呀！生命是無價的！球球因為緣份走進了我們的家庭，一但Candice姐姐對這個小底迪的生命許下了承諾，就該誠誠懇懇地好好照顧牠，因為牠是一個這樣無辜而又需要被呵護跟疼愛的小動物。我常跟Candice說，你是姐姐耶！姐姐就該好好地疼底迪、關心底迪、照顧底迪、常常觀察底迪是不是不舒服？夏天高溫的時候是不是熱了？冬天寒流來的時候是不是冷了？沒精打采的時候是不是病了？球球不是一個只供Candice抱來抱去、玩來玩去的絨毛娃娃，牠是一個活生生的生命，球球把自己完完全全的交給了姐姐，Candice姐姐是不是也該拿出姐姐該有的認真跟細心來照顧球球呢？

答案當然是肯定的！

書上說，小倉鼠的生命一般是一到兩年，我覺得這對小Candice來說時間還蠻剛好的，剛好讓Candice用這麼一段不長不短的時間來學習如何去面對跟照顧一個依賴她的小生命，學習如何用一個負責任的態度跟高度去體驗另一種不一樣的人生。

在此之前，在我們家，Candice一直扮演的是一個被照顧的角色，因為球球的到來，從此讓Candice也開始嘗試著去學習如何去照顧別人、嘗試著因為照顧別人而在生活上有著些許的犧牲，嘗試著因為付出，而體驗到施比受更有福的快樂！

花八十塊台幣而能讓小女兒Candice有一個人生課程的體驗，嗯，聽起來還真是蠻不錯的！

謝謝你啦！可愛的胖球球！

新・座標19　PG1037

新銳文創
INDEPENDENT & UNIQUE

有敵鐵金剛
──甜蜜爸爸日記

作　　者	黃正一
責任編輯	廖妘甄
圖文排版	王思敏
封面設計	米可、秦禎翊

出版策劃	新銳文創
發 行 人	宋政坤
法律顧問	毛國樑　律師
製作發行	秀威資訊科技股份有限公司
	114 台北市內湖區瑞光路76巷65號1樓
	電話：+886-2-2796-3638　傳真：+886-2-2796-1377
	服務信箱：service@showwe.com.tw
	http://www.showwe.com.tw
郵政劃撥	19563868　戶名：秀威資訊科技股份有限公司
展售門市	國家書店【松江門市】
	104 台北市中山區松江路209號1樓
	電話：+886-2-2518-0207　傳真：+886-2-2518-0778
網路訂購	秀威網路書店：http://www.bodbooks.com.tw
	國家網路書店：http://www.govbooks.com.tw

出版日期	2013年8月　BOD一版
定　　價	290元

國家圖書館出版品預行編目

有敵鐵金剛：甜蜜爸爸日記 / 黃正一著. -- 一版. -- 臺北市：新銳文創, 2013.08

面； 公分. -- (新.座標；PG1037)

BOD版

ISBN 978-986-5915-89-6 (平裝)

1.親職教育 2. 通俗作品

528.2 102014910

讀者回函卡

感謝您購買本書，為提升服務品質，請填妥以下資料，將讀者回函卡直接寄回或傳真本公司，收到您的寶貴意見後，我們會收藏記錄及檢討，謝謝！

如您需要了解本公司最新出版書目、購書優惠或企劃活動，歡迎您上網查詢或下載相關資料：http:// www.showwe.com.tw

您購買的書名：____________________________________

出生日期：________年________月________日

學歷：□高中（含）以下　□大專　□研究所（含）以上

職業：□製造業　□金融業　□資訊業　□軍警　□傳播業　□自由業

□服務業　□公務員　□教職　□學生　□家管　□其它_____

購書地點：□網路書店　□實體書店　□書展　□郵購　□贈閱　□其他

您從何得知本書的消息？

□網路書店　□實體書店　□網路搜尋　□電子報　□書訊　□雜誌

□傳播媒體　□親友推薦　□網站推薦　□部落格　□其他__________

您對本書的評價：（請填代號　1.非常滿意　2.滿意　3.尚可　4.再改進）

封面設計____　版面編排____　內容____　文／譯筆____　價格____

讀完書後您覺得：

□很有收穫　□有收穫　□收穫不多　□沒收穫

對我們的建議：____________________________________

____

____

____

請貼
郵票

11466
台北市内湖區瑞光路 76 巷 65 號 1 樓
秀威資訊科技股份有限公司 收
BOD 數位出版事業部

（請沿線對折寄回，謝謝！）

姓　　名：＿＿＿＿＿＿＿＿　年齡：＿＿＿＿　性別：□女　□男

郵遞區號：□□□□□

地　　址：＿＿＿＿＿＿＿＿＿＿＿＿＿＿＿＿

聯絡電話：（日）＿＿＿＿＿＿＿＿（夜）＿＿＿＿＿＿＿＿

E-mail：＿＿＿＿＿＿＿＿＿＿＿＿＿＿＿＿